성 프란치스코의 생애

HERMANN HESSE, FRANZ VON ASSISI
© 1988 (Insel taschenbuch 1069), Insel Verlag

HERMANN HESSE, FRANCESCO D`ASSISI
Traduzione di Anna Maria Cocchi
© 2012 Piano B edizioni srl, Prato

Translated by Jae-sung Lee
© 2014 Franciscanpress of Korea

성 프란치스코의 생애

교회 인가 | 2014년 3월 6일
1판 6쇄 발행 | 2022년 11월 29일

지은이 | 헤르만 헤세
옮긴이 | 이재성 보나벤투라
펴낸이 | 김상욱
만든이 | 조수만
만든곳 | 프란치스코 출판사(제2-4072호)
주소 | 서울 중구 정동길 9
전화 | (02) 6325-5600
팩스 | (02) 6325-5100
이메일 | franciscanpress@hanmail.net
https://blog.naver.com/franciscanpress

정가 10,000원
ISBN 978-89-91809-31-4 93230

성 프란치스코의 생애

헤르만 헤세

이재성 보나벤투라 옮김
정경량 감수

프란치스코
출판사

차례

들어가기
9

성 프란치스코의 생애
17

전설들
67

나가기
83

꽃놀이
성 프란치스코의 어린 시절
91

성 프란치스코와 헤르만 헤세
113

역자 후기
133

†

들어가기

　흔히 볼 수 없는 위대한 업적을 이루는 데에는 관심이 없고, 문학 작품이나 책을 써서 어떤 성취를 이루려고 하지도 않고, 어떤 영광에 도달하려는 마음도 도무지 없는 위대하고 비범한 인물들이 예부터 이 세상에 있어 왔다. 그럼에도 불구하고 그러한 분들은 모든 세대에 걸쳐 전(全) 인류에게 지대한 영향을 끼쳐서, 누구나 그분들을 알아봤고, 그분들에 대해 열성적으로 이야기하였으며, 그분들에 대해 더 많이 알고자 열망하였다. 그래서 수세기를 거치는 동안 세상이 바뀌고 변해도 그분들의 이름과 인격에 관한 이야기가 수많은 입에서 회자되었다. 왜

나하면 그분들이 이루어 놓은 많은 업적이나 행동이나 아니면 말 한마디나 작품이 사람들을 매료시키기보다는, 오히려 이분들의 전 생애가 유일하고 위대하고 조화로운 어떤 하나의 정신에서 빚어진 것으로 비쳐 오고, 모든 사람의 눈에 투명하고 거룩한 하나의 상징으로 다가오기 때문이다.

이분들의 모범들이 하나의 위대한 업적으로서 완벽하지는 않아도 모든 사람에게 명료하게 다가오며, 이분들은 스스로의 전 생애와 더불어 우리에게 결코 잊을 수 없는 스승들로 남아서, 우리의 마음을 온통 차지하여 하나의 높은 정신을 늘 생생하게 따르도록 인도한다. 이는 마치 순식간에 사라지는 일시적인 영감의 항적(航跡)[1]을 토대로 하지 않고, 하나의 명료하고 생생한 이상(理想)과 계획을 바탕으로 그 위에 대성당이나 궁전을 짓는 건축가나 예술가와 흡사하다 할 것이다. 이분들은 모두 불같은 열정을 지닌 강력한 영혼의 소유자들이었고, 결코 쉬

---

[1] 항적(航跡): 배나 항공기가 지난간 뒤에 남은 자취(새국어 사전, 동아출판사, 1993, 2573).

거나 안주하지 않고 무한(無限)과 영원(永遠)에 대한 강한 갈증을 가지고 있었다. 또한 그 시대와 세대의 관습과 행동 방식을 뛰어넘는 영원한 법칙을 깨달아 그때부터 이분들은 거기에 자신들의 행동과 희망을 걸었던 것이다.

이분들은 자신들의 적성과 능력에 따라 시인도 되고 성인(聖人)도 되고, 기적도 행하고, 현자도 되고, 예술가도 되었다. 이분들은 지상에서 짧은 생애를 살아가면서 영원과 불변의 표상을 닮아 갔고, 열성을 다하여 대범하게 마음 안에서 하늘과 땅의 일치를 추구하였으며, 지상적이고 유한한 생명을 영원한 생명의 불꽃으로 대체하여 불살랐다. 이들은 각 시대마다 가지는 치명적인 속박으로부터 자유로웠고, 나그네 삶의 연약함으로부터 자유로웠으며, 모든 우연성과 속세의 껍질을 벗고 사람들의 기억 속에 하나의 기적으로 남아 있다.

이러한 예외적인 분들의 삶이란 창조의 시작으로 돌아가는 것과 다름이 없고, 하느님의 낙원으로부터 파견되어 온 우리의 선망의 대상이 된다. 위대한 꿈을 꾸는 영웅적인 영혼은 흐린 탁수(濁水) 마시기를 질색하여 거부하였기 때문이다: 그분들은 결코 가상(假像)에 만족치 않았고, 결코 존재 대신 이름에, 실상(實像) 대신 형상에 만족치 않았다. 오히려 그들은 지칠 줄 모르는 열망으로 모든 힘과 모든 삶의 최초의 순수한 원천으로 되돌아가려고 발버둥을 쳤다. 땅과 식물과 동물들의 신비스러운 영혼들과 교제하기를 염원하였고, 이것들을 자신들과 똑같거나 아니면 자신들과 아주 가까이 닮은 영혼들로 여겼으며, 상징이나 공허한 그림자 대신에 자신들의 어려움과 내적 질문 속에서 직접 하느님과 대화하기를 갈망하였다.

그리고 그렇게 함으로써 이분들은 모든 사람들에게 하느님을 더 가까이 보여 주었고, 창조의 신비를 새로운 가치로 더 소중하게 부각시켰으며, 하느님을 성스러운 영감으로 해석하였다. 이분들은 인간 내면의 본질과 법칙을 매번 다시 새롭게 발견하였다. 왜냐하면 우리들은 오직 요지부동의 자기주장이나 굳어진 습관의 포장 안에서만 살아가는 반면에, 이분들은 마치 최초의 인류처럼 하늘과 땅을 모두 벌거벗은 채 대했기 때문이다.

깊고 진실하게 본질을 추구하는 이러한 분들은 대체로 처음에는 바보처럼 보여서, 그들을 조금도 이해할 수 없는 바보로 여기는 사람들이 없지 않아 있었다. 그러나 위대한 분의 삶을 진지하게 주시하는 사람에게는 이분들의 생애란 실로 강어귀에서 소용돌이치며 굉음을 내는 강물처럼 인류의 함성으로 들린다. 왜냐하면 이분들의 삶이란 실로 우리들의 꿈이 본질적으로 형상화되어 인격화된 것이고, 온 세상의 향수이며 영원에 대한 우리의 갈증이기 때문이다. 또한 그 삶은 빠르게 흐르는 생명 안에서 덧없이 살아가는 피조물들을 매번 다시 영원의 별들과 하나가 되게 하기 때문이다.

우리가 소위 중세라고 부르는 먼 옛날에, 사람들 사이에 적대 감정이 아주 심했고, 싸움과 큰 전쟁으로 몸살을 앓았으며, 나라들은 공포에 싸여 있었다. 황제와 교황 사이에는 피로 얼룩진 싸움이 일어났고, 도시에서는 군주들끼리 싸움을 벌였으며, 전쟁의 비참함과 대량 살상에 대한 공포와 신음 소리가 퍼져 있었고, 귀족과 서민들이 여기저기서 심한 마찰을 빚었다. 그리고 당시 세상을 지배하던 로마 교회는 강력한 무기들로 무장을 하였고, 영혼의 평화와는 도무지 무관(無關)한 동맹이나 교황의 행정 구역 관리, 파문, 그리고 징계로 나날을 보냈다. 두려움에 떨며 살아가던 평민들에게는 남는 것이란 고통뿐이었다. 많은 곳에서 새로운 수도승들과 수도회가 출현하였다. 이들은 목숨을 걸고 교회의 심각한 박해에 도전을 하였으나, 대부분의 사람들은 예루살렘을 향한 교회의 강력한 대열에 줄을 지어 따라갔다. 그들에게는 어디에도 앞길을 인도해 줄 안내자가 없었고 늘 불안하였다. 세상의 중심이었던 서양은 그 화려한 외양(外樣)과 사뭇 다른 유혈 사태의 시기에 접어들었다[2].

이러한 시기에 이탈리아 움브리아(Umbria) 지방에 이름 없는 한 젊은이가 나타났다. 그는 양심의 괴로움과 깊은 겸손을 지닌 사람이었으며, 자신의 일생을 구세주의 제자들처럼 단순하게 살아가기로 굳게 마음먹었다. 그리하여 그를 따르려는 동료들이 나타났고, 처음에는 두셋이었던 인원이 백 명이

---

[2] 역주: 십자군 전쟁을 말한다.

되고 나중에는 수천이 되었다. 그리고 움브리아의 이 겸손한 사람에게서 삶의 빛이 솟았고, 쇄신의 큰 샘물이 솟았으며, 우리의 이 시대에까지 빛나는 인류애(人類愛)가 솟아올랐다.

이분이 바로 아씨시의 성 프란치스코로 불리는 조반니 베르나르도네(Giovanni Bernardone)였으니, 그는 관상가(觀想家)였고, 영웅(英雄)이었으며, 시인이었다. 오늘날 남아 있는 것이란 오직 이분의 기도문과 노래 몇 편이다. 하지만 그는 우리에게 그가 쓴 말과 시(詩) 대신에 그의 단순하고 순수한 삶을 회상토록 한다. 이 회상은 그의 몇 편의 시(詩)를 통해서 펼쳐지는 아름다움과 고요한 위대성으로 인해 여러 시적인 작품들 자체를 훌쩍 뛰어넘게 한다. 따라서 이러한 그의 삶을 이야기하는 사람에겐 더 이상의 말과 관찰이 필요가 없기에, 나는 기꺼이 그걸 포기한다.

†

성 프란치스코의 생애

I

12세기 움브리아(Umbria) 지방의 아씨시(Assisi)에 풍채 좋고 대단히 부유한 상인 피에트로 베르나르도네(Pietro Bernardone)가 살고 있었다. 포목 장수였던 그는 높은 신분의 상인 계급에 속해 있었다. 베르나르도네는 이름 있는 상점에서 옷감을 사들이기 위하여 자주 먼 도시와 나라로 여행을 하였다. 이는 당시의 생활상이었다. 그는 짭짤한 수익을 올릴 수 있는 프랑스 중부 지방의 부유한 도시 몽펠리에(Montpellier)로 여행하기를 좋아하였다. 그는 이 도시에 큰 호감과 애정을 지니고 있었다. 그는 프랑스 말을 배웠고, 그곳에서 여러 가지의 다른 관습과 풍속과 많은 종류의 지식을 쌓을 수 있었다. 긴 여행을 자주 하는 상인들은 오늘날과 다르게 그들만의 생활 방식과 생활 형태를 가지게 되었는데, 돌아다니는 데 큰 어려움을 느낄 때가 많았던 이유로 거의 준(峻) 기사나 마찬가지였다. 한편, 그들은 새로운 문물과 사조(思潮)를 이 나라에서 저 나라로 옮겼고, 군주들이나 권력가들의 일에 관여하였으며, 자신들의 의지와 관계없이 소식 전달자가 되었고, 새로운 사건들이나 학설 내지는 노래나 소식의 전령들이었다. 그들은 풍부한 사회적 경험과 더불어 고급 의류를 구하여, 이것들 위에 새로운 소식을 얹어서 이 나라 저 나라에 퍼뜨렸고, 무엇보다도 현자(賢者)들의 새로운 사상과 가르침을 퍼뜨렸다.

 베르나르도네의 아내는 피카(Pica) 부인이었다. 그녀에 관해서는 귀족 출신이라는 정도만 알려져 있는데, 아마도 프로방스(Provenza) 태생이었을 것이다. 이 지방은 언어에서도 그렇고 남편의 취향에 맞는 프랑스풍의 자유롭고 조화로운 향토색을 띠고 있었기 때문이다. 옛 저자들이 이 귀족 출신의 부인에 대하여 심도 있게 다루지 않아서 그런지, 사람들은 그녀를 알고 싶어 한다. 사람들은 그녀가 사랑스럽고 우아하고 다소곳하였을 것으로 믿고, 프로방스 태생답게 그녀도 노래를 잘 하고 시(詩)도 쓰고 열성적으로 기도를 하였을 것으로 생각된다. 사실 아들 프란치스코의 생활과 습관으로 미루어 짐작하건대, 이 청년에게 틀림없이 지극히 온유한 어머니가 있었으리라는 추측을 아니할 수 없다.

이 시대에는 믿음과 교회에 관하여 토론을 벌이는 일이 빈번하였다. 그런데 당시의 교회는 외적으로는 세상에서 득의만면(得意滿面)하여 승승장구(乘勝長驅)하는 모습이었으나, 내적으로는 급속도로 경직되어 서서히 죽어 가고 있었다. 무엇보다도 가난한 층의 시름이 깊었다. 당시의 가난한 층이란 황폐한 땅에서 고통에 비명을 지르고 몸을 떨며 굶어 죽어 가는 들판의 짐승들과도 흡사하였다. 어두운 황무지에서 길을 잃고 흩어져 방황하다가, 불안과 근심에 휩싸여 고통의 깊은 심연에서 도움을 청하는 아이들처럼, 이들의 영혼 안에서 새로운 원천에 목말

라하는 향수가 타는 듯한 격정으로 외치고 있었던 것이다. 때마침 새로운 예언자들이 여기저기서 나타났고, 회개자들이 출현했으며, 갈망하던 공동체들이 생겼으나, 교회는 이들을 파문하였고 믿음 없는 이단으로 박해하였다.

모든 사람들이 프로방스 지방에서 새롭게 일어난 영적인 운동에 대해서 더 자세히 알기를 원하였고, 여행하는 상인들은 많은 사실들을 들어 알고 있었으며, 부지런히 소문을 퍼뜨렸다. 베르나르도네도 많은 것을 알고 있었고, 그의 집에서도 이러한 일들에 관한 많은 이야기를 나누었을지 모른다. 왜냐하면 사실 도처에서 많은 사람들이 살아 있는 믿음을 열망하였고, 교회의 가르침과 관습에서는 이미 사라지고 없어진 하느님과 영원에 대한 소식을 그리워했기 때문이다.

이외에도 베르나르도네는 세상사와 전쟁, 그리고 기사(騎士)들의 특성과 당시에 세상을 통치하던 황제 페데리코 바르바로사(Federico Barbarosa)에 관하여 듣고서 알아 이를 전하였을 것이다. 레냐노(Legnano)에서의 승리를 기점으로 이탈리아 도시에서 강력한 통치를 하였던 페데리코 바르바로사의 뒤를 이어, 헨리코(Henrico) 6세가 즉위하였다. 그도 이탈리아를 다시 힘들게 압박하였다. 당시의 아씨시는 스폴레토(Spoleto)의 백작 코라도 스베비아(Corrado Svevia)가 황제로부터 임명을 받고 엄격한 통치를 펼쳤으며, 아씨시 위에 있는 그의 요새에서 주민들을 권력으로 누르고 있었던 차였다.

베르나르도네(Bernardone)의 집안은 급변하는 사회와 세계를 바꾸어 놓을 사건들을 실시간으로 알고 있었고, 이 점에 있어서 베르나도네는 다양하고 활발한 삶을 살았다. 또한 지금도 여전히 그러한 것처럼 아씨시는 매우 아름답고 빼어난 장소였으며 주거지였다. 아씨시는 말하자면 높은 언덕에 앉아 있는 아늑한 마을이었다. 마을 뒤에는 거대한 수바시오(Subasio) 산이 우뚝 솟아 있고, 아씨시에서 바라보면 실로 광활하고 아름다운 움브리아 평야 전체가 펼쳐진다. 또한 움브리아 지방으로 말하면 이탈리아에서 가장 아름답고 땅도 비옥하다. 움브리아 지방에는 많은 도시와 마을, 그리고 수도원들이 있다.

II

    1182년(또는 혹자가 말하듯 1181년)에 남편이 프랑스 남쪽으로 여행을 하고 있는 동안에, 피카 부인이 낳은 아기가 아씨시를 빛으로 감쌌다. 어머니는 어린 아기에게 요한이라는 이름을 주기로 마음먹었다. 이 날, 누군지 알 수 없는 한 노인 순례자가 집안에 들어와 아기를 보겠노라 하고는, 아기를 품에 안고 지긋이 웃으며 내려다보더니 새로운 탄생에 큰 소리로 찬미를 터뜨리며, 갓난아기가 위대하고 고귀한 천운(天運)을 타고났다고 예언하였다. 이어서 아기는 주교좌성당에서 조반니(Giovanni, 요한)라는 이름으로 세례를 받았다.

    그러나 얼마의 시간이 흐른 후에 아기의 아버지 베르나르도네가 여행에서 돌아와 아기를 프란치스코(Francisco)라 불렀고, 이것이 그의 이름이 되었다. 아버지가 각별히 프랑스와 그 부드러운 취향을 좋아하여 그렇게 부른 것으로 여겨진다. 프란치스코 역시 이미 어린 나이에 프랑스 말을 배웠으며, 후에도 즐겨 프랑스 말을 하였고, 특히 흥이 날 때 프랑스 말로 아름다운 노래를 불렀다.

소년은 많은 공부를 하지 않았고, 그저 기초 단계의 글쓰기와 라틴 어 공부를 했을 뿐이었다[3]. 또한, 그는 일생 동안 어쩔 수 없을 때만 펜을 잡았다. 걸출한 지식인이 될 만한 교육을 받은 적이 없었기에, 그는 어린 나이에 늘 즐거웠으며, 맑은 눈으로 하루를 보냈다. 그만큼 더 즐겁게 어린 시절의 즐거움을 만끽하였으며, 아름답고 생생한 사물에 깊이 심취하였다.

그렇게 나이가 들어 청년기에 접어들면서, 뭔가 특별하고 강력한 것을 스스로 해내야만 하는 것처럼 느껴진 어떤 동경심이 그를 움직였다. 이 세상의 모든 찬란함과 모든 가치를 인식하여 자신의 것으로 삼고자 그는 휘몰아치는 격정과 엄청난 욕망을 가지고 삶 속으로 자신을 던졌다. 이는 그의 생애에서 채우지 않으면 아니 되는 어떤 대적할 수 없는 큰 힘으로 느껴졌다. 무엇보다도 귀족적이고 화려한 삶에 헌신하는 것이 그에게는 고귀하고 또한

---

[3] 사실 당시에 이 정도의 공부를 하였으면 많이 한 것이다.

열망할 만한 가치가 있는 것으로 여겨졌다. 그의 전 존재가 그쪽으로 기울었다. 또한 그즈음에 프랑스에서 온 감미롭고 가슴을 파고드는 사랑의 노래가 프로방스 지방의 음유 시인들의 입에서 흘러나왔다. 프로방스 지방을 멀리 떨어져 있는 고향처럼 사랑한 젊은이의 가슴에 음유 시인들의 사랑의 노래는 커다란 환희와 예감의 불을 질렀다. 기사와 동시에 음유 시인이 되는 것이 그의 간절한 꿈이자 열망이었다.

　귀족은 아니었으나 부유하고 명망 높은 아버지를 둔 프란치스코는 귀족들의 자녀들과 좋은 친구 관계를 유지하였고, 그들과 함께 노래를 불렀으며, 돈을 많이 썼고 모든 면에서 완벽하게 귀족의 자녀처럼 지냈다. 그는 경이로운 세상을 한껏 즐기며, 고가(高價)의 화려한 옷을 입고 연예(演藝)와 축제를 즐겼고, 말 타기와 칼싸움과 놀이와 춤을 좋아하였으며, 온갖 종류의 여흥을 즐겼다. 동료들이나 친구들이 물주(物主) 노릇을 하는 그를 따랐지만, 명랑하고 부드럽고 고아(高雅)한 그의 성품과, 어느 유명한 귀족도 따라갈 수 없었던 세련된 옷차림과 탁월한 취향 때문에도 그를 좋아하였다. 무엇보다도 그는 헙헙하였고 돈을 물 쓰듯이 하였다. 그는 벌써 기사가 된 듯했다. 곧 그렇게 되었지만, 귀족 자녀들 사이에서 우두머리가 되어 젊은이의 왕자[4]로 불리었다.

그럼에도 마음은 여전히 온유하였고 동정심이 많았다. 한번은 어느 가난한 거지가 아버지의 가게에 들어와서 하느님의 이름으로 작은 애긍을 청하였다. 프란치스코는 그를 언짢게 대하고 밖으로 쫓아 버렸다. 잠시 후 자신의 무례한 행동에 심히 가책이 되어, 그 거지를 뒤쫓아 따라가서 돈을 배로 얹어 주었다.

III

그러는 사이에 역사는 격동의 시대로 소용돌이쳐 가고 있었다. 황제 행정관인 스폴레토의 코라도

---

[4] princeps juventutis: 명문 출신. 특히 기사 계급의 장래가 유망한 젊은이; (명예 칭호로서의) 왕자(허창덕, 『라틴 한글 사전』, 가톨릭대학교 출판부, 1995, 682).

(Corrado) 공(公)이 교황 앞에 항복해야만 했다. 그리고 그가 아씨시를 떠나자마자 시민들이 그의 성(城)을 습격, 점령하여 쑥밭으로 만들었고, 성(城)은 돌멩이 하나 없는 폐허가 되어 버렸다. 그러나 이러한 기도(企圖)는 아씨시에 일시적인 작은 이득에 지나지 않았다. 낮은 계급의 시민들은 강한 집권 세력을 이 정도로 무너뜨리는 것에 만족치 못하고, 곧바로 곤궁에 빠진 귀족 계급에 방화와 살인의 항거를 시작하기에 이르렀다. 이리하여 백작 중의 일부가 위급한 상황에서 살아남기 위해서 페루지아(Perugia) 시(市)에 도움과 보호를 요청하였다. 힘이 강했던 페루지아 시(市)가 아씨시 주민들을 상대로 즉시 전쟁을 시작하였고, 야전(野戰)에서 승리를 거두었다. 프란치스코도 동료들과 함께 이 전투에 참전하였다. 고향을 배반한 자들의 편이 아니라, 고향의 도시를 위하여 싸웠던 프란치스코도 다른 많은 사람들과 함께 적에게 붙잡혀 페루지아로 압송되었다. 거기에서 그는 일 년 동안 감옥 생활을 하였고, 1203년 말경에 풀려나 아씨시로 돌아왔다.

    프란치스코는 짧지 않은 시간 동안 감옥에 감금

되어 있으면서도 젊은이의 생동감을 잃지 않았고, 오히려 의기소침해하는 다른 수감자들을 북돋우며 위로하였으며, 예전보다도 더 열정적으로 기사의 기개와 영광을 이야기하였다. 그리고 페루지아에서 풀려나 자유의 몸이 되자 곧바로 집으로 돌아와, 다시 호화로운 삶을 시작했고, 거만한 태도로 도락과 낭비를 일삼았으며, 새롭게 욕망을 다져갔다. 세상의 모든 달콤함을 남김없이 찾아내기라도 한 듯, 온갖 욕망을 다 이루고 모든 쾌락에 흡족해하는 모습이었다. 그의 마음은 격정에 요동을 쳤고 절제와 절약은 온데간데없었다. 다만 온종일 휴식과 만족을 모른 채 이 세상의 즐거움에 탐욕적으로 몰두하였다.

그의 어머니 피카는 사람들이 아들의 오만방자(午慢放恣)함을 탓하였을 때, 마음의 예감으로 그를 용서해 주었고, 하느님께서 아들의 충동적인 마음을 올바른 길로 인도하실 것으로 굳게 믿었다.

얼마 후 프란치스코에게 중병이 들어 그는 죽음의 그림자를 느꼈다. 그는 계속되는 향락 생활의 쾌락 속에서는 충족감과 내적 고요가 자랄 수 없음을 그제서야 알아차리기 시작하였으나, 그렇다고 해서

딱히 다른 가치를 추구할 길을 알고 있는 것도 아니었다. 그러면서도 그는 자신의 온 생애가 커다란 사랑으로 에워싸이기를 갈망하였다. 다시 한가하고 편안한 일상생활로 온전히 돌아오자 그는 또 전과 같이 영광과 영예를 추구하였다. 빨리 군주가 되고 싶어 하였고, 많은 이들을 위하여 힘 있는 자가 되고 싶노라고 자주 말하곤 하였다. 그에게는 기사가 되는 길만이 높은 수준의 모든 고귀함을 실현하고 모든 문제들을 해결해 줄 수 있는 최후의 보루라고 여겼기 때문이다.

그러던 중에 이탈리아 남쪽에서 굴리엘모 브리엔나(Guglielmo Brienna)라는 사람이 교황을 위해서 군사를 모집하여 무장을 시키고 훈련을 시킨다는 소문이 들렸다. 각처에서 용감하고 피가 끓는 젊은이들이 그에게 합세하였다. 굴리엘모 브리엔나는 이름 높은 영웅이었고 귀족 신분의 인기 있는 기사였으며, 그의 이름은 칼과 창이 바람을 가르며 내는 소리처럼 우렁찬 승전가의 함성으로 온 나라에 퍼져 있었기 때문이었다. 이 소식에 접한 젊은 프란치스코는 열망에 몸을 떨었고, 이 세상의 모든 영광과 영예가 그 앞에 넓게 펼쳐지는 듯하였다. 많은 젊은이들이 아씨시의 젊은 귀족 사령관의 지시를 받으며 프란치스코와 더불어 무장(武裝)을 하였다: 갑옷과 무기의 호화로움에서 프란치스코는 다른 모든 젊은이들을 압도했다. 모든 이들이 적지 않게 놀랐다. 다른 사람들에게는 어리석은 허영처럼 비칠지라도, 그에게는 이것이 거룩한 계획으로 그는 늘 염원하여 왔던 영웅이나 영주가 되고자 한다고 많은 이들에게 이야기하였다. 이를 하나의 본보기로 이야기하였으나 무모한 계획이었다. 불붙은 그의 열정이 중도(中道)나 미완성(未完成)은 받아들일 수 없는 형편이었고, 오로지 이 세상에서 가장 고귀하고 위대한 것만을 끝까지 추구하게 될 운명이었던 것이다.

모든 준비를 완벽하게 마친 후 프란치스코와 동료들은 말에 올랐다. 그는 당당하게 작별 인사를 날렸고, 값비싼 무장을 한 채 세상의 용감한 통치자요 모험가로서 아씨시를 빠져나가 드넓은 세상의 전투와 명예와 즐거움을 향하여 말을 타고 내달렸다. 때마침 화창한 하늘 아래 뿔 나팔이 힘차게 울렸고, 그의 준마(駿馬)는 쏜살같이 달렸으며, 기다릴 수 없다는 듯이 되는대로 거칠게 숨을 내뿜었다. 그의 갑옷은 스치는 소리를 내며 태양 아래 번쩍였다. 그리고 그의 젊은 혈기는 멀리서 그를 부르는 성당 첨탑의 금빛 왕관을 연상시키는 것이었다.

IV

여정의 첫날, 청년에게 하느님의 목소리를 듣는 사건이 발생했다. 은근한 두려움이 자리를 잡고 있던 그의 마음속에서 욕망과 허영의 추상화 그림 그리기가 수명을 다해 버린 것이다. 그때에 그에게 무슨 말이 들렸고, 어떤 목소리가 그의 놀란 영혼을 산산이 부서뜨리고 꺾어 버렸는지는 누구도 알 수 없다. 피조(被造)된 한 인간의 내적 운명이 결정되는 순간은 거룩한 신비처럼 언제나 미지(未知)로 남는다. 프란치스코도 그 시각에 있었던 생각이나 환시가 무엇이었는지에 대해 발설하지 않았다. 그러나 그 시각을 기점으로 해서 삶과 죽음의 불가사의한 문제가 그의 눈앞에서 명료해졌고, 또한 거룩한 힘이 그에게 하나의 결단을 내리도록 하여, 그의 여정의 목적지를 찾도록 하는 피할 수 없는 강요가 있었다는 점은 분명하다. 이어서 스폴레토(Spoleto)에서 심한 열병을 앓고 난 뒤, 말할 힘까지 없어진 그는 아씨시를 향하여 외로이 발길을 돌렸다. 자신의 화려한 갑옷을 가난한 귀족에게 선사한 후였다.

그의 부모와 아씨시의 모든 사람들이 이를 보고 심히 놀랐고 그에게 분통을 터뜨렸다. 어떤 이들은 그를 비웃으며 이름난 군주와 영주가 되어 돌아온 게냐고 조롱하였다. 그러나 그의 옛 친구들은 여전히 그와 함께 새로운 것에 탐닉하여 다시 방종한 생활을 할 것을 기대해 마지않았다.

반면에 그는 깊은 사색에 잠긴 채 배회하였고 화살에 상처를 입기나 한 양 번뇌하였다. 그의 영혼은 죽도록 괴로웠고 공허했다. 고뇌와 근심이 멈출 날이 없었다. 자신의 꿈과 희망이 허무할 뿐이었다는 사실을 깨달은 그에게 구원의 길을 보여 줄 누구도 없었기 때문이었다. 그 시기에 프란치스코는 온종일 고통스러워했으며, 자괴감(自塊感)과 극한의 고뇌가 그를 심연으로 이끌어 그는 초토(焦土)가 된 채 상처 입은 마음을 부여잡고 구원을 갈구하며 하늘을 향하여 부르짖었다. 그가 이러한 모습으로 고뇌하며 자신의 삶에 절망하는 동안, 세상의 많은 군상(群像)들도 동일한 고통의 포로로서 어두운 감옥에서 같은 외침을 외친다는 사실을 그는 알지 못하였다. 또한, 그는 자신이 이 모든 무리들을 위해서 고통을 받고 있고, 그들의 구원을 위해 신음한다는 사실을 알 수도 없었고, 어렴풋이 느끼지도 못하였다.

   이런 프란치스코에게 옛 친구들과 연회 동료들은 다시금 축제의 왕이 되어 전처럼 식사와 술자리를 준비한 뒤, 그들을 초청하여 함께 즐기자고 청하였다. 그는 이를 수락하고 날을 잡아 값비싸고 호화로운 연회를 준비하고 모두를 초대하였다. 연회에 참석한 친구들은 그를 식사의 주인이자 왕으로 선언하였고, 옛날의 장난기 어린 풍습에 따라 그의 손에 주도자 지팡이를 쥐어 주었다. 밤늦게까지 즐거움과 고성(高聲), 잔 부딪치는 소리와 웃음소리와 즐거움에 파묻혀 맛 좋은 음식과 많은 술을 먹고 마셨다. 모두가 취해서 들뜬 기분으로 고함치고 노래를 부르면서 잠든 거리를 가로질러 이동하였다. 잠시 후에 그들은 프란치스코가 보이지를 않자 그를 찾았고, 깊은 침묵에 빠진 채 거리에 서 있는 것을 발견하였다.

그들은 낯선 사람처럼 보이는 그에게 달려가며 조소를 금치 못했다. 하필 그 시간에 그의 내면에 불이 붙어서 그는 변모된 모습을 하고 있었고, 지금까지 옥에 갇히어 압박과 고문에 시달리던 그의 영혼이 멀리에 있는 출구를 보았기 때문이다. 그 사이에 그의 술 취한 친구들이 그를 시끄럽게 잡아끌고 둘러쌌다. "너 지금 무슨 꿈을 꾸고 있는 거냐?". 그들이 조소하며 소리쳤다. "무슨 수수께끼 때문에 고민하니, 프란치스코?". 친구 하나가 박장대소를 하며 외쳤다. "애들아, 너희들이 보기엔 저 애가 새 색시를 얻으려고 고심하는 것 같지 않니?". 프란치스코가 이 말을 듣고 귀가 번쩍하여 유쾌하나 진지한 표정에 낭랑한 목소리로 대답하였다. "그래, 말 한번 옳게 했다. 나는 아내를 얻을 생각이야. 그러나 그녀는 너희들이 생각하고 상상할 수 있는 것보다 더 고귀하고, 더 부유하고, 더 아름답지!". 이 말을 하는 동안에 그의 얼굴에는 미소가 가득하였다.

그의 친구들은 웃음바다를 이루며, 그를 뒤에 남겨 둔 채 멀리 뛰어가 사라졌다. 그는 항상 지니고 다녔던 웃음거리인 왕의 지팡이를 손에서 내려놓고, 그 지팡이와 함께 자신의 과거와 낭비된 젊은 시절도 내려놓았다. 그리고 비유적으로 말했던 그 아름답고 고귀한 부인은, 그가 그때부터 가장 열렬하게 결혼하고자 했던 가난이었다.

어느 정신 나간 사람에 대한 이야기처럼 들리는 이 글을 읽는 많은 사람들이 프란치스코의 친구들이 그랬던 것처럼, 속으로는 비웃으며 머리를 흔들지도 모른다. 그러나 그는 누가 뭐라 하여도, 그의 갈증을 홀로 풀어 갔다. 지혜에서도 교회에서도 세상의 즐거움에서도 이 갈증을 풀 수가 없었다. 그는 사람이란 이 세상에서 단지, 결코 자신의 소유물이 될 수 없는 삶과 죽음 사이에 놓여 있는, 순례자와 스쳐 지나가는 나그네에 지나지 않는다는 것을 고통 중에서도 기억하면서, 사랑에 대한 새로운 자세와 욕구로 하느님의 가슴에 안겼고, 이때부터 단순한 마음으로 열정에 싸여 인생길을 찾으려 외롭게 노력하였다. 그리움으로 가득한 그의 눈매에 구세주의 모습과 그의 첫 제자들의 모습이 나타났다. 그는 규정이 아니라 단지 사랑으로 모든 속박에서 벗어난 제자들과 같이 들판의 동물들과 하늘의 새들에게 먹을 것을 주시는 하느님의 손에 아이처럼 자신을 넘기기로 결심하였다.

이러한 대담한 신뢰와 믿음은, 그에게 고요와 위로를 전하고 자유인이 되도록 하는 데에 도움을 줄 수 있는 하고 많은 피조물 중에서 그로 하여금 어떤 어려움이 있어도 오직 하느님의 이끄심만을 선택하게 하였다. 그는 하느님께 이르는 숨겨진 길을 당시에 사제들도 모르고 있고, 학자들도 찾지 못하고 있음을 알게 되었던 것이다. 그러자 오히려 세상은 그의 시야에서 사라지기는커녕 그에게 새롭게 다가왔다. 시간과 영원을 순수한 사랑으로 동일하게 이해함으로써, 시인의 아둔한 마음이 까맣게 잊고 있었던 하나인 세상을 황홀감과 함께 다시 찾았기 때문이었다.

V

 그 후 부유한 사람 베르나르도네의 아들은 귀족 청년들과 시끄러운 잔치를 벌이며 노는 대신에 그들과 멀리 떨어져 언제나 혼자서 거니는 모습이었고, 가난하고 불쌍한 이들 가운데에 나타났다. 그는 모든 거지들에게 푸짐하게 풍성히 주는 것으로 그치지를 않고, 그들을 다정하게 위로하면서 이야기까지 나누었다. 진정 그의 사랑의 힘은 무엇보다도 가장 낮고 가장 멸시를 받는 이들에게로 그를 이끌었다. 언젠가 말을 타고 여행을 하는 중에 길가에 누워 있는 나병 환자와 마주쳤을 때, 처음에는 본능적으로 공포심이 일어 방향을 돌렸다. 그러나 곧 자신의 행동이 부끄러워 온 길을 되돌아간 후 말에서 내려 자신의 옷을 그 나병 환자에게 주고 그와 함께 이야기하며 악수를 나누었다. 이때부터 하나의 특별한 사랑이 그를 보잘것없는 피조물들에게로 이끌었다. 그의 친구들과 아버지까지 미친놈이라고 조소를 해도, 극기와 선행이 절대로 헛되지 않고 결코 그 열매와 응답이 없을 수 없음을 보여 주기라도 하듯, 나환우들은 아직도 조금은 불안하고 가끔씩 의기소침하고 절망하는 그에게 감사의 마음으로 보답하였다. 그는 그들 안에서 힘을 얻었고 참다운 위로를 얻었다.

아직도 여전히 불안한 그의 마음은 그를 로마 순례 길에 오르게 하였다. 로마에 도착하여 그는 자신이 가지고 있던 모든 것을 성 베드로 성당에 봉헌하였고, 자신의 옷을 거지 하나와 바꾸어 입고 그의 자리를 차지하였다. 그러나 그는 자신이 로마와 으리으리한 교황청 지붕 아래에서 헛되이 보호를 구하고 있다는 사실을 빠르게 알아차렸다. 반면에 그는 거지의 옷 속에서 참다운 가난을 처음으로 체험하였고, 또한 앞으로 그들에게 신의를 지키기로 결심하였다.

로마에서 돌아온 후에 그는 한없이 고독하였고, 대부분 아씨시 근교의 언덕 위에 있는 성 다미아노 경당에서 시간을 보냈다. 그곳에서 그는 격렬한 분투와 기도 속에서 용기와 기쁨을 찾았고, 지나간 모든 일을 완전히 가치 없는 것으로 삼아 등 뒤로 던져 버리고, 오직 하느님만을 믿고 새로운 삶을 시작하기로 결심하였다. 이때부터 고요한 즐거움이 스며드는 것을 느낄 수 있었고, 이리하여 그는 의심 없이 확신을 가지고 모든 낮춤과 고통을 감수하기로 하였다. 왜냐하면 그는 이미 실로 어려운 시기로 접어들었기 때문이다.

그는 아버지의 집에 있는 자기 소유의 말과 모든 물건들을 팔았다. 그리고 그 돈을 버려진 채 황폐해진 다미아노 성당의 사제에게 주어 버렸다. 그는 스스로 사제 곁에 머물러 하느님을 향한 자신의 사랑을 드러냈고 또 자신의 삶을 봉헌하는 방법을 아직도 몰랐기에, 자신의 손으로 그 성당을 다시 짓기 시작하였다. 한편, 화가 치밀 대로 치밀어서 그를 무력으로 잡아끌어 오려는 아버지의 눈을 피해 토굴로 숨어들었다. 얼마 후에 숨어서 몸을 피한다는 사실이 부끄러워진 그는 아버지를 직접 대면하기 위하여 자유로운 용기를 가지고 아씨시로 들어가려고 구덩이에서 나왔다. 그의 작금(昨今)의 변화된 행동거지에 대하여 들은 바 있는 사람들이 여기저기 골목에서 나와 그의 뒤를 쫓았고, 그가 정신이 나갔다고 믿으며 경멸하였다.

그가 그토록 소란스레 비웃는 군중을 몰고 나타나는 것을 보자, 아버지 베르나르도네는 화가 치밀어 그를 잡아서 때리고 마구 다루어, 집 안의 어두운 구석에 감금시켜 버렸다. 얼마 후에 어머니의 도움으로 그는 그곳에서 탈출할 수 있었다. 이제 베르나르도네는 그를 교회의 권위 앞에 소환하여 교회의 재판에 부치기로 하였다. 이리하여 프란치스코는 정해진 날에 주교의 재판에 소환되었다. 그가 공손한 태도로 조용히 그곳에 도착하여 발견한 것은 그를 모멸하려고 모인 호기심에 찬 군중들이었다. 이어서 아버지가 불같은 노여움 속에서 그를 내치고 상속권을 박탈했기 때문에, 청년은 지체 없이 겸손하게 베르나르도네 소유인 자신의 옷들을 모두 벗어 넘겨주고, 벌거숭이가 된 채 서 있었다. 그리고 그 시간부터 오직 하늘에 계신 아버지에게 속하길 원한다는 자신의 결의를 고백하였다. 이제 그곳에서 누구도 감히 그를 조롱할 수가 없었다. 그리고 그의 용기와 믿음에 놀란 주교는 벌거벗은 그를 자신의 외투로 감쌌다.

VI

이것이 프란치스코와 거룩한 가난과의 혼인이었다. 그가 몇 년간을 찾아서 헤매 온 보물을 이제야 발견한 것이다. 즉, 영혼과 하느님과 세상의 조화였다. 이때부터 어떠한 외적인 근심도 더 이상 그를 슬프게 하지 않았다. 그는 아이가 되어 하느님의 보호 안으로 들어갔고, 하느님과 이야기를 하였으나 멀리 떨어져 있어서 보이지 않는 하느님이 아니었으며, 현존하여 느끼고 사랑하고 믿는 하느님 아버지와 이야기를 나누었다.

그리고 그가 어린 시절부터 시인이요 관상가이며 가수였음이 드러나, 이제는 해방된 영혼 안에서 기쁨과 노래로 넘쳐흐르는 새로운 샘물이 솟아올랐다. 그의 노래들을 누구도 기록하지 않았고, 단 하나만이 우리에게 도달하였다. 그래도 그 노래들은 나라 안에서 넓게 퍼져 나가 억눌려 신음하는 수많은 가슴속에 위로와 삶의 의욕을 전하였고, 새로운 즐거움을 찾느라 지쳐 힘을 잃은 영혼들을 감동시켰으며, 그 노래들은 귀를 기울이는 사람들의 가슴에 깊이 침투하여 들어갔고, 일찍이 수많은 가수들도 일으키지 못했던 열정을 불러일으켰다.

자유를 얻어 기쁨에 겨웠던 프란치스코는 행복과 환희에 넘쳐 고향 땅의 계곡과 초록빛 언덕을 거닐었다. 그의 순수하고 애정이 담긴 사랑 위에 이 세상의 아름다움이 새롭게 더해졌다. 이 세상이 그 모습을 달리하여 그에게 주어진 것이다. 꽃을 피운 나무들과 부드러운 풀, 흐르며 빛나는 강과 호수들, 파란 하늘과 흘러가는 구름들, 멀리 보이는 푸르름과 들판의 새싹과 새들이 지저귀는 즐거운 노래가 그에게 가까이 다가왔고 형제자매처럼 사랑스러워졌다. 이는 그의 눈과 귀가 너울을 쳐, 정화된 거룩한 세상을 바라볼 수 있었기에 가능하였고, 그가 낙원의 찬란한 첫날로 되돌아간 변모된 세상을 보았기에 가능하였던 것이다.

그리고 이것은 일시적인 황홀감이나 무아지경이나 착각이 아니었다. 왜냐하면 그날부터 죽는 날까지 프란치스코는 많은 고통과 환난과 어려움 중에서도 복된 자와 뽑힌 자로 머물렀기 때문이다. 어려움 중에도 그는 온갖 풀들과 시내에서 하느님의 음성을 들었고, 어떠한 고통과 죄악도 그를 지배하지 못하였다. 그리하여 몇 백 년 동안 수많은 이들이 그를 사랑했고, 마음속 깊이 존경하였다. 예술가들과 시인들과 현자들이 그를 제시하였고 언급하였고 노래하였으며, 그를 그렸고, 그의 모습과 삶을 조각하였다. 이는 어떤 군주나 권력가에게도 없었던 일이다. 그리고 그의 이름과 명성은 우리 시대에까지 삶의 노래와 하느님의 위로로 다가왔고, 그가 말하고 행동한 모든 것이 700년 전 그의 시대에서처럼 오늘날에도 매우 힘차고 명쾌하게 울려 퍼진다. 프란치스코에 못지않게 순수하고 고귀한 영혼을 지닌 성인들이 있었다. 그러나 그분들은 어쩌다가 한 번씩 떠올려질 뿐이다. 허나 프란치스코는 아이이자 시인이었고, 사랑의 대가이자 스승이었으며, 모든 피조물의 겸손한 친구이자 형제였다. 사람들이 그를 잊는다 해도 돌과 샘, 꽃과 새들이 그에 대해 이야기하리라. 왜냐하면 그는 참으로 진정한 시인으로서 죄와 무지에 싸여 있던 이 피조물들을 풀어 주어, 우리들 눈앞에서 그들의 원천과 순수한 아름다움 안에 그들을 드러내 보여 주었기 때문이다.

VII

프란치스코는 그 시기에 성 다미아노 성당 수리를 마무리 지으려고 심혈을 기울였다. 그는 거지 행색으로 마을 한복판을 가로질러 가면서 사람들에게 성당 수리를 위한 돈과 돌을 청하였다; 많은 이들이 그를 비방했지만, 도와주는 사람도 있어서 일을 마칠 수가 있었다. 또한, 그는 제대 등불을 위해 기름을 청하러 나갔다. 한번은 그가 (주교관의 정원사가 그를 동정하는 마음에서 선물한) 탁발승복[5]을 입고 옛 친구들이 모두 모여서 술자리를 벌이고 있는 집에 들어가게 된 일이 있었다. 그는 부끄러움에 두렵기까지 하여 발길을 돌렸다. 그러나 즉시 마음을 고쳐먹고 다시 용기를 내어 안으로 들어가서 거나하게 취해 있는 옛 친구들에게 예의 바르고 정중하게 하느님의 집

---

5 프란치스코가 지금의 수도복을 입기 전에 검은 탁발 수도승복을 잠시 입었었고, 이 수도승복이 주교관 정원사에게서 받은 것이라고 헤세가 밝히는데, 그 근거가 궁금하다. 보나벤투라는 『대전기』에서 주교가 수도승복을 주었다고 하며, 폴 사바티에는 『프란치스코의 생애』에서 프란치스코 자신이 만들었다고 전한다.

을 위한 자선을 청하였고, 뿐만 아니라 되돌아가려고 했던 자신의 약함을 그들에게 숨기지 않았다. 그리고 그가 하도 진지하게 그리고 진심으로 말을 하였기에 그들은 프란치스코를 친절하게 대하지 않을 수 없었다.

또한 도시의 다른 여러 주민들도 이제는 현재의 그의 행각을 더 이상 정신이 나간 얼빠진 짓으로 보지 않았으며, 그 모습에서 하느님의 인사와 거룩한 빛을 발견하고서는 온유하고 겸손하게 그를 대하였다. 프란치스코가 귀족 옷을 입고 말을 타고 푸짐한 선물을 가지고 다가갔던 불쌍한 나환자들이 이제는 그를 더욱 사랑하였다. 그가 이제는 가난한 자의 형제로서 그들을 방문했기 때문이다. 그러나 많은 사람들이 여전히 그를 경멸하였고 모욕을 주었으며 더욱 박해를 가하며 끈질기게 괴롭혔다. 그의 아버지와 형제도 기회가 있을 때마다 그를 업신여기고 조소하였으며 그를 몹시 부끄러워하였다.

VIII

　다미아노 성당의 수리를 잘 마무리한 후에 그는 같은 관리와 복구가 필요한 포르지운콜라(Porziuncola) 소성당으로 향하였다. 인간의 마음이 각별한 사랑으로 어떤 장소에 머무는 것을 자주 볼 수 있는데, 이곳 포르지운콜라도 전 생애에 걸쳐서 그에게 항상 휴식과 조용한 시간을 제공하고, 위로와 새로운 꿈 그리고 노래를 찾도록 해 주는 마음에 드는 장소였다. 작고 단출한 이 성당을 그는 힘을 들여 다시 수리하였고, 이 거룩한 장소에서 하느님의 목소리를 더욱 선명하게 들으며 삶의 목표를 깨달았다. 즉, 그때까지 경당과 소성당을 수리해 왔지만, 이러한 외적인 일이 그의 마음의 커다란 갈증을 채워 주지 못한다는 사실을 그는 분명하게 인식한 것이다. 그때에 그에게 구세주의 말씀이 들려왔다. "가서 설교하여라. 그리고 하늘 나라가 가까이 왔다고 말하여라". 그때 그의 가슴이 뛰었고, 그는 온 인류가 굶주리고 목말라하며 자비와 사랑의 소식이 도래하기를 고대하고, 비탄의 손을 하늘로 뻗고 있는 현실을 내적으로 보았다.

그때부터 프란치스코는 설교하기 시작하였고, 부드럽고도 힘이 있는 그의 목소리는 사랑의 외침과 아름다운 노래로서 온 나라로 퍼져 나갔으며, 그의 목소리는 사람들에게 거룩한 동경을 불러일으켰고, 어둡고 길 잃은 무수한 영혼들을 사랑의 빛으로 채워 주었다. 그의 말은 몽상가나 허풍쟁이의 말이 아니었다. 그는 농부들과는 농부처럼, 도시인들과는 도시인처럼 그리고 기사들에게는 기사처럼 이야기하였다. 그는 그의 마음을 감동시키는 일에 대해서라면 누구와도 이야기를 나누었으며, 어디에서나 형제들에게 형제로서, 고통을 받는 이들에게 고통을 받았던 사람으로서, 병자들에게는 치유를 받은 사람으로서 이야기하였다.

아씨시에서 그는 처음으로 설교하기 시작하였다. 그는 몇 사람이 함께 서 있는 곳에서, 시장과 골목에서, 성문과 정원의 담에서 설교하였다. 그의 말은 단순하고 사랑에 가득 차 있었다. 그는 스스로가 행동으로 옮길 각오가 되어 있지 않은 것은 누구에게도 요구하지 않았다. 그는 구세주의 상(像)을 가슴에 지니고 다녔고, 그것을 모든 이들에게 보여 주었다. "보십시오, 이것이 겸손입니다. 보십시오, 이것이 인내입니다. 보십시오, 이것이 사랑입니다!". 그러한 말들은 많은 이들의 마음을 흔들어 놓았고, 듣는 사람들로 하여금 숙고하고 성찰하도록 하였다. 이어서 침묵의 존경심이 설교자를 둘러싸기 시작하였다. 그의 인격과 말에서는 마치 아름답고 반짝이는 별에서 흘러나오는 것처럼 힘과 따스함이 흘러나왔다. 그의 설교는 사제들의 설교와는 달랐다. 왜냐하면 그의 스승들이나 모범은 책들이 아니었고, 그는 교회의 박사들이나 어휘에 능숙한 사람이나 수사학자가 아니었으며, 그는 다만 불타는 가슴과 하늘의 새들과 음유 시인(吟遊詩人)들의 노래였기 때문이었다. 뿐만 아니라 그는 사람들에게 자신에 대한 추호의 존경심도 요구하지 않았고, 오히려 이와 반대로 자신을 온순하게 밑에 놓았으며, 모든 이들에게 봉사하였다. 그래도 그의 모습은 즐거운 선(善)으로 가득하였고, 그의 눈에서는 순수한 불꽃이 끊임없이 빛을 뿜었다. 그리고 사랑에 빠진 사람이 늘 연인만을 찾듯이, 그리고 어머니가 쉬지 않고 세심하게 아이들을 보살피듯이, 그는 진실과 감미로운 사랑으로 그리고 비유와 노래로 모든 사람의 영혼을 얻으려고 애썼다. 그리고 그가 말을 마친 다음에는 거만을 떨며 돌아가지 않았고, 사람들은 그가 쓸데없이 빈둥대는 것을 보지 못했으며, 그가 엄격한 삶을 이어가고, 부지런히 일하며, 모든 가난한 사람들에게 헌신하며 나병 환자촌에 격리되어 있는 가난한 나병 환자들 곁에 두려움 없이 드나드는 것을 볼 수 있었다.

얼마간의 시간이 지나자 동료 하나가 나타나 형제가 되어 그와 함께하였다. 그러나 그에 관해서는 아무것도 우리에게 알려진 바가 없다. 그 후 어느 날 퀸타발레(Quintavalle)의 베르나르도(Bernardo)가 그에게 와서 하룻밤 그와 더불어 대화할 것을 청하였다. 이 베르나르도는 매우 존경받는, 신분이 높고 대단히 부유한 사람이었다. 프란치스코는 밤을 새우면서 그와 함께 온화하고 진지한 대화를 나누었고, 그 후 베르나르도는 돌아가서 그가 가진 모든 소유물과 재산을 팔아, 그것을 가난한 이들에게 나누어 주었다. 그 후 그는 다른 동료와 함께 프란치스코를 따랐고. 프란치스코는 자신과 자신을 따르는 두 사람을 위해서 포르지운콜라 가까이에 소박한 갈대 움막을 지었다. 곧 에지디오라는 이름의 젊은이가 그들과 하나가 되었고, 이제 그들은 때때로 함께 혹은 따로 움브리아 지방을 떠돌아다녔다. 그들은 여기저기에서 농부들과 들일을 했는데, 돈 때문이 아니라 일정량의 먹을 것을 얻기 위해서였고, 일을 마친 후에는 사람들과 함께 이야기도 하고, 설교도 하고 그들에게 노래도 불러 주었다.

이로 인하여 프란치스코는 자신과 형제들을 주님의 익살꾼이라 불렀고, 이를 다른 말로 하느님의 악사(樂士)라고 부르기도 하였다. 그도 그럴 것이 그는 음유 시인과 노래하는 순례자처럼 하느님을 찬미하면서 떠돌아다녔기 때문이다. 이때가 의심할 여지없이 그의 전 생애에서 가장 행복했던 시기였다. 그는 떠돌아다니는 객(客)과 나그네로서, 악사와 노래하는 새로서, 기쁜 마음으로 모든 사람들을 즐겁게 하였고, 온화한 말과 위로를 전하였고, 도움과 조언을 건넸고, 일을 하는 자와 함께 일을 하였으며, 슬퍼하는 자들에게 온화한 위로의 말을 전하였고, 즐거워하는 사람들에게 밝은 노래들을 불러 주었다. 오늘날에도 여전히 그런 것처럼 당시에도 사람들은 그의 자발적인 가난을 빗대어, 애정 어린 농담이 섞인 표현으로 그를 "빈털터리"(Poverello)라는 별명으로 불렀다.

하지만 결코 어려운 시간과 시련이 없지 않았다. 프란치스코를 따랐던 형제들의 가족들은 그가 젊은이들을 유혹하여 불효를 조장한다고 비난했고, 다른 가족들은 자기 아이들도 그에게 잃지 않을까 전전긍긍하였다. 그러나 이 형제들은 모든 적개심과 멸시를 침묵과 겸손으로 대했고, 차츰 온 움브리아 지방이 이 사람들에 대하여 놀라워하며 웅성거렸다. 많은 이들이 그들을 받아들였고, 그들에게 친절하게 숙소를 제공하였다. 형제들은 진심으로 감사하였다. 그러나 그들에게 건네어진 금전과 물품들을 받지 않았고, 하느님의 도움만을 믿으며 하루하루를 성실하게 보냈으며, 그리스도의 가난 안에서 어려움을 견디어 냈다.

형제들은 나그네 생활에서 언제나 아씨시의 포르지운콜라로 다시 돌아왔으며, 그곳에서 위로를 느꼈고, 그들을 하나 되게 하는 사랑과 우애에 마음이 기뻐 뛰놀았다. 이제 그들은 열두 명이 되었다.

IX

지금까지 프란치스코는 자기 영혼의 열망을 채우고, 하느님께 드리는 무한한 헌신으로 즐거워하며, 사람들에게 선한 일을 행하고 그들에게 사랑의 복음을 설교하는 것 외에 어떠한 다른 목표도 추구하지 않았다. 이제는 열한 명의 동료들과 친구들이 그의 주위에 모여들었다. 그들은 그를 따라 집과 재산을 기꺼이 버리고 가르침과 설교를 하며 이동하여 옮겨 다녔다. 교회로부터 임명된 사제들이 이곳저곳에서 그들을 백안시하며 비판하였고 그들에게 설교를 금지하는 일이 벌어졌다. 그리고 사실 형제들의 생활방식이나 가르침이 북쪽의 많은 발데스(Valdes)파의 생활이나 행적과 흡사해서 많은 사람들에게 이단으로 보일 수도 있었다.

이것이 프란치스코의 마음에 큰 부담으로 작용

하기 시작하였다. 순진한 신뢰심으로 따랐던 그의 어린이처럼 천진난만한 마음이 이제 많은 제자들에게 하나의 안내자가 되어야 했고, 사랑으로 불타는 영혼뿐이었던 그가 이제는 자신을 따르는 모든 형제들의 생활을 책임져야 했다. 그는 이단자나 예언자나 개혁가가 될 생각은 추호도 없었다. 왜냐하면 그의 단순한 어린이의 마음은 신뢰하는 믿음으로 교회의 질서밖에는 몰랐기 때문이다. 이제 그에게서 교회의 사제들보다 더 큰 힘이 솟아 나왔다. 그가 어머니로 받들어 왔던 교회의 밑에 자신을 두었으나, 이제는 교회로부터 벗어나는 듯한 하나의 큰 공동체가 커 가는 것을 보았다. 그가 이것을 느꼈을 때, 무거운 고뇌가 일었고, 이 고뇌는 좀체 그에게서 떠나지를 않았다. 공동체의 무게가 그를 크게 압박하였다. 그의 의도는 전 인류를 사랑하고 자기 자신을 통째로 내어 주는 것이었지 결코 지배하는 것이 아니었기 때문이다. 이 가장 겸손한 사람이 어떻게 수장(首長)이 되고 주인이 될 수 있단 말인가?

 이러한 고뇌에 휩싸인 그는 로마로 가서 자신과 형제들을 위하여 교황의 허락과 동의를 청하기로 결정하는 수밖에 달리 위로를 찾을 수 없었다. 그는 동료들과 함께 곧 로마로 출발하였다. 여행의 인솔자로 자신을 택하지 않고 퀸타발레의 베르나르도를 지명하였다. 그렇게 그들은 로마로 갔다.

X

이는 은총의 해인 1210년[6]에 있었던 일이었고, 당시는 교황 인노첸시오 3세가 로마를 다스리던 시대였다. 그런데 교황은 거의 모든 면에서 프란치스코와는 판이하게 달랐다. 하지만 나쁜 의미에서 그런 것은 아니었다. 단지 사랑과 온유한 마음이 교황에게 부족했을 뿐이었다. 그는 온화한 목자가 아니었고, 오히려 여러모로 다방면에서 위협받고 있던 로마 교회를 큰 힘으로 이끌어서 새로운 특권과 영예로 들어 높인 강력한 투사였으며 통치자였기 때

---

[6] 헤세는 교황 인노첸시오 3세로부터 「수도규칙」을 구두로 인준받은 1210년을 은총의 해로 여긴다.

문이다. 교황이 전투를 벌여서 교회를 세속적인 나약함으로부터 눈부시게 높은 지위로 끌어올리는 동안, 다른 편에서는 온화하고 겸손한 움브리아 사람이 사랑의 새로운 정신으로 교회를 채우는 하느님의 기적이 일어났다.

로마에서는 아씨시의 이 열두 사람에 대하여 매우 놀랐다. 그들이 가난과 포기의 삶을 이끌어가고 구세주의 가르침을 아무런 보수 없이 알리고 다녔기 때문이다. 그럼에도 교황과 성 바오로의 요한 추기경은 이 가난하고 배우지 못한 사람들에게 범상치 않은 힘이 숨어 있음을 보았다. 그래서 교황은 진지하게 이 문제를 숙고하기 시작하였다. 프란치스코는 자신의 공동체를 위하여 짧고 간단한 회칙을 썼는데, 거의 복음 구절들로 이루어졌다. 이를 인준해 줄 것을 교황에게 청하였다. 그는 교황 앞에서 매우 열정적으로 대담하게 발언하고 설교하였다. 그럼에도 교황은 그 자리에서 금방 결정을 내리지 않았고, 형제들은 오랫동안 기다릴 수밖에 없었으며, 여러 질문을 받았고 질책을 받았으며, 이로 인하여 거의 기력을 잃었다. 그러나 마침내 요한 추기경은 교황에게 순수하고 단순하게 오로지 복음의 말씀들로 채워진 규칙을 거룩한 교회가 인준하지 않을 수 없음을 간하였다. 교황 인노첸시오는 더 이상 반대하지 않았고, 오히려 프란치스코를 축복하였으며, 그를 칭찬하고 격려하여 그의 행위와 그간 해 오던 설교를 지속할 것을 허락하였다.

XI

이에 만족한 형제들이 화려한 로마와 교황청에서 멀리 벗어나 고향으로 돌아갔다. 비록 그들이 양지바른 들판에서 물과 음식이 부족하여 거의 탈진 상태에 이르러도, 마음은 자유를 얻고 고요와 형제애를 즐겼다. 늘상 그랬던 것처럼 여기저기 도시와 마을에서 일하고 노래하고 설교하면서 머물렀다 떠나기를 반복하였다. 봄 그중에도 오월의 초순인 양 기뻐하는 나그네들의 무리는 어느 동네에나 위로와 활기를 불어넣었고, 많은 사람들 안에서 하느님에 대한 영감과 영혼의 청춘을 일깨웠다.

다시 아씨시로 돌아온 그들은 리보토르토(Rivotorto)라 불리는 빈 오두막에 자리 잡았다. 이곳은 산자락의 황량하고 외딴 마을이었고, 프란치스코가 며칠간의 기도와 성찰을 위해서 자주 머물렀던 곳이었다. 그는 실로 게으름을 대단히 혐오하였고 자신의 온 힘을 이웃을 돕는 데에 바쳤다. 진정 그의 마음은 한없이 부드럽고 섬세하였으며, 주변의 비참한 삶의 모습을 보면서 날마다 심히 괴로워하였다. 그러한 상처를 떠안고 그는 조용히 자주 고독 속으로 돌아갔고, 지친 마음을 생명의 샘에서 달래어 생기를 되찾았다.

자연의 삶으로 나날이 젊어지고 또 대지의 힘을 자기 안으로 끌어들이는 것은 놀랍고도 탁월한 하나의 예술일진대, 단지 시인들과 진정 복된 이들에게서 가끔 볼 수 있는 그러한 일이 그에게는 일상이었다. 흡사 아이처럼 그리고 현자처럼 그는 꽃과 풀과, 파도와 그리고 각종 동물들과 대화하였고, 그들에게 찬양의 노래를 불러 주었으며, 그들을 사랑하고 위로하였고, 그들과 함께 기뻐하였고, 그들의 무죄한 삶에 참여하였다. 이러한 일을 의식과 마음이 노쇠하지 않은 채로 아이들처럼 평생 동안 신선하고 감사하게 유지하는 것은 오로지 하느님의 마음에 드는 사람들에게만 가능하다. 진실한 마음의 순수한 선(善)은 솔로몬의 불가사의한 신비처럼 인간에게 동물의 언어를 알리고, 식물, 나무, 돌 그리고 산의 내적인 본질을 열어 준다. 그 결과로 그의 눈 앞에서 다양한 피조물이 완전히 일치를 이루어 펼쳐지고, 또한 숨기며 적대하는 불화와 죽음의 세계가 사라진다. 하느님의 사랑을 듬뿍 받은 프란치스코는 극소수의 시인만이 알아듣는 대지의 아름다움을 알아들었다. 그는 크고 작은 모든 피조물을 사랑했고, 피조물 또한 자신들이 받은 사랑으로 그를 되사랑하였다. 사람들과의 대화에 지쳤을 때, 그는 초원, 숲 그리고 계곡으로 달려가 샘과 바람과 새의 지저귐에서 낙원의 감미롭고 위력 있는 말을 흡수하였다. 그는 지상에 영혼이 없는 것은 아무것도 없다는 사실을 잘 알고 있었고, 그리하여 모든 영혼을 만났고, 또한 형제적인 경외심과 사랑으로 풀과 돌을 마주하였다.

또한, 프란치스코는 결코 어두운 회개자가 아니

었고, 세상을 부정하는 사람이 아니었으며, 오히려 익살스런 말, 유쾌한 격려를 매우 좋아하였고, 또한 무거운 고통의 나날 속에서도 그 누구에게도 우울한 표정을 보이지 않았다.

그가 교황으로부터 설교의 허락을 받았다는 소식이 전해지자, 아씨시의 군중들 사이에서 그의 말을 들으려는 크나큰 열망이 일었다. 그는 성당들이 너무 비좁아 주교좌성당에서 설교를 해야만 했다. 그곳에서 그의 열정의 힘이 많은 군중을 폭풍처럼 휘몰아 갔다. 당시에 또다시 아씨시의 가난한 군중과 상류층의 귀족들과 군주들 사이에 심각한 불화가 있었다. 그러나 프란치스코의 말과 모범이 큰 영향력을 발휘하여, 많은 이들이 그를 따랐고, 그들은 이미 프란치스코를 적대자들 사이의 중재자로 인정했다. 도시 전체가 그의 온화한 판결에 순종하였다. 그는 원수들을 서로 화해시켰고 가난한 이들에게 이익이 돌아가게 하였다. 그리고 귀족과 군중 사이에 계약과 동맹을 체결시켰고, 이는 성실히 지켜졌다. 추방을 당했던 많은 사람들이 고향으로 돌아왔고, 도시는 감사와 기쁨으로 가득 찼다. 점점 더 많은 인원들이 프란치스코의 동료들과 한 무리가 되었다. 그러나 그는 인원이 늘었어도 자신의 공동체를 작은 형제들의 무리라고 불렀다. 이는 미천한 이들의 수도회인 것이다. 많은 군중이 그를 더욱더 사랑하고 존경했으며, 당시에 벌써 그를 성인이라 부르는 이들이 많았다.

그에게 포르지운콜라의 작은 성당이 맡겨졌고, 그 수가 날마다 늘어 가는 형제들은 그 곁에 작은 오두막들을 짓고 살았다. 그들은 그들의 지도자를 주인과 아버지로 존경했지만, 그는 지배하려 들거나 명령을 내리려 하지 않았고, 모든 이들을 마음 편히 살도록 하였다. 수공업에 익숙한 사람은 자신의 수공업을 하였고, 말하는 재능을 가진 사람은 설교를 하였고, 하느님 안에서 고요를 바라는 사람은 고독을 찾았다. 포르지운콜라에 숲이 하나 있었고, 이 숲속에서 형제들은 프란치스코와 함께 그리고 서로 간에 담소를 나누었다. 때때로 손님이 안으로 들어와서 프란치스코에게 인사를 건네고 나서, 형제가 되기를 간절히 원한다고 이야기하기도 하였다. 그러면 누구나, 자유롭게 자기의 소유를 가난한 사람들에게 나누어 주는 즉시 별다른 시험도 아무런 보증도 없이 가난 서원을 할 수 있었다. 동료들 가운데에는 농부들도 있었고, 도시인들, 그리고 귀족들과 교구 사제들도 있었으며, 박학다식한 사람도 있었고, 무지한 사람도 있었으며, 부드러운 사람도 있었고 거친 사람도 있었다. 이들은 각각 다른 형제들에게 봉사하며 형제로서 더불어 살아갔다.

은총의 해인 1212년[7], 프란치스코가 아씨시의 주교좌성당에서 군중에게 설교하고 있을 무렵에, 경청하던 사람들 중에 쉬피(Sciffi) 귀족 가문 출신의 클라라라는 어린 소녀가 있었다. 그의 말은 그녀의 심금을 울렸고, 그녀는 그와 이야기하기를 간절히 원하였다. 그리하여 그녀는 그를 따르기 위한 조건을 채우기 위하여 자신이 가진 모든 것을 포기하고 그를 따랐다. 그는 젊은 처녀가 묵을 만한 숙소를 몰랐기에 그녀를 베네딕토회 수도원으로 데리고 갔다. 그러자 곧바로 더욱 많은 여인들이 동일한 열망을 가지고 왔으며, 곧 여인들을 위한 공동체가 생

---

[7] 헤세는 클라라가 입회한 1212년도 은총의 해로 여긴다.

기게 되어, 그들의 거처를 산 다미아노에 잡게 되었고, 이 공동체는 특별히 병자들을 위하여 봉헌되었다. 이 공동체는 급속도로 성장하여, 곧 수백 명의 형제들과 자매들을 이루었다[8].

XII

이때부터의 작은 형제회의 번성과 진로 방향은 프란치스코의 가장 좋은 선(善)의 위력을 소진(消盡)시켜, 그에 관하여 더 이상 많은 말을 전할 수가 없다. 그럼에도 우리는 작은 일화와 전설에서 그에 관한 것들을 어느 정도 엿볼 수 있다. 그것들은 그의 동료들이 기록한 것이다. 이 일화와 전설의 상당 부분이 이어지는 다음 장에서 언급될 것이다. 프란치스코 수도회의 이후 역사는 수도회의 연대기와 교회사에서 읽고 검토할 수 있을 것이니, 여기서는 다루지 않겠다.

---

[8] 헤세는 형제들의 공동체와 자매들의 공동체를 하나로 여긴다.

프란치스코가 모든 동물들을 얼마나 좋아했는지, 그리고 특히 새들을 좋아했는지에 관하여 많은 이야기와 전설들이 있다. 시에나(Siena)에서 비둘기 한 쌍을 데리고 와서 스스로 둥지를 만들어 준 그는 형제들과 함께 그들을 바라보며 기뻐하였다. 또 한번은 어느 어부가 방금 잡은 싱싱한 물고기를 그에게 선물하였다. 프란치스코는 그에게 감사하였고, 물고기를 받자마자 즉시 다시 물에 놓아 주었다. 리에티(Rieti)의 수도원에는 많은 새들이 살았는데, 그 새들과 작은 형제들은 좋은 친구 관계를 유지하였다.

프란치스코는 이제 수천 명의 아버지가 되었고, 해결해야 할 많은 어려운 문제들이 그 앞에 산적하여 자주 극도로 핍진하였다. 일이 아무리 쌓여 있어도 도움을 펴야 할 그의 사랑과 겸손한 각오는 결코 줄지 않았다. 그러나 그는 피곤에 지친 마음에 전보다 더 자주 내면의 고요함과 고독 속에서 피난처를 찾곤 하였다.

1224년 여름 그는 자신의 죽음과 연관된 어두운 예감에 가득 차서, 그가 사랑했던 라 베르나(La Verna) 산을 올랐다. 그는 너무 지쳐 있어서, 그의 습관과

달리 걷지 못하고 노새를 타야만 했다. 그가 큰 숲들로 가득 찬 산에 다다랐을 때, 수많은 새들이 그에게 인사를 하였고, 그가 그들을 축복해서 놓아줄 때까지 그의 어깨와 손 위에서 떠날 줄을 몰랐다. 이성이 없는 피조물일지라도 그의 사랑을 깊이 느꼈고, 그에 대한 두려움이 없었기 때문이었다.

그는 자신을 동행해 주었던 세 형제들을 뒤에 남겨 두고, 홀로 숲 속으로 가서 작은 오두막을 짓고 그곳에서 오랫동안 거룩한 생각에 잠겨 지냈다. 그런데 그곳에서 그에게 십자가에 못 박힌 이가 나타났고 그의 몸에 거룩한 성흔을 주었다는 사실을 전설이 전한다. 얼마 후 그는 산 다미아노에서 기력이 쇠하여 기진맥진하였고, 오랫동안 그를 괴롭혀 왔던 고통스러운 눈병까지 또 그를 덮쳤다. 모든 고통 속에서도 그는 끊임없이 미소를 지었고, 하느님을 찬미하고 찬양하였다. 그리고 그가 오두막에 혼자서 눈먼 상태로 누워 있을 때, 감격적인 노래를 불렀다. 그곳에서「태양 형제의 노래」를 지은 것이다[9].

그 후에 그는 폰테 콜롬보(Fonte Colombo)와 리에티 (Rieti)로 옮겨졌다. 그의 고통은 더욱 악화되었고, 의사들은 달구어진 쇠를 이용하여 이마를 지져 눈을 치료하는 것 외에 다른 의술을 몰랐다. 그들이 끔찍한 도구를 가지고 그의 침대로 다가가자, 중병의 환자가 불을 반갑게 맞아들이면서 외쳤다. "오, 불 형제여, 너는 모든 피조물 사이에서 대단히 아름답구나! 그리고 나는 너를 항상 좋아했지! 그러니 너 또한 나에게 자애로워야지!". 또 한번은 그가 어느 형제에게 음악을 연주하여 들려줄 것을 청하였다. 그러나 그 형제는 꺼려 하며 원치 않았다. 프란치스코는 그날 밤에 이루 말로 다 표현할 수 없는, 감미롭고 짧고 단순한 하느님의 형언할 수 없이 아름다운 음악을 들었다. 이는 천국에서 천사가 연주하는 것이었다.

겨울이 되어 환자인 프란치스코가 추위로 고통을 받았기에, 한 형제가 그에게 여우 가죽을 가져왔

---

9 역주: 헤세처럼 학자들도 대체로 「태양 형제의 노래」를 지은 장소를 다미아노 성당이라고 하나, 이견도 있다.

다. 그리고 그것을 그를 위해 수도복 안에 덧대려고 하였다. 그러나 그는 위선가로 보이기가 싫어서, 모든 이가 그것을 밖에서도 볼 수 있도록 밖에다 덧대라고 명하였다.

이제 그는 자신의 마지막이 가까이 왔음을 알았고, 크나큰 고통 중에도 자신을 고향 아씨시로 데려가도록 하였다. 죽음의 침대에서 그는 편지를 받아쓰게 하였는데, 그 안에서 그는 끓어오르는 마음으로 전 인류에게, 자신의 영혼을 기억해 줄 것을 무릎을 꿇고 간청하였다. 그가 말하기 시작하였다. "나, 프란치스코 형제, 당신들의 보잘것없는 종이며, 당신들의 발에 입을 맞추고자 하는 종이, 하느님 자체이신 그 사랑 때문에 이 말을 받아들일 것을 당신들에게 청하고 애원합니다!".

의사에게 자신이 앞으로 얼마나 오래 살 수 있는지를 묻자, 의사가 그에게 단지 짧은 시간이라고만 답했다. 이때 그는 손을 펼치고 말하였다. "나는 너를 환영한다, 죽음 형제여!". 그러고 나서 그는 노래를 부르기 시작하였고, 그 자리에 있던 동료들도 함께 노래하였다[10].

　죽기 며칠 전 그는 포르지운콜라로 자신을 옮기게 하였다. 그는 그곳을 실제로 자기 집으로 여기고 좋아했었다. 그는 그곳에서 죽음을 기다리며 미소를 지었고, 선(善)에 가득 차 누워 있었다. 그리고 여전히 동료들에게 많은 위로의 말을 하였다. 그들은 그를 위해서 한 번 더 「태양 형제의 노래」를 불렀고, 그는 그들을 축복하였으며, 또한 멀리 떨어진 형제들과 자매들과 모든 사람들을 축복하였다. 그리하여 죽음의 침대에서까지 사랑의 파도가 흘렀다. 그는 1226년 10월 3일 저녁 무렵에 세상을 떠났다. 그리고 그가 세상을 하직하자마자 그의 오두막 지붕에 종달새의 큰 무리가 힘차게 노래하며 내려앉기 시작하였다.

---

10 역주: 「태양 형제의 노래」를 노래하였을 것이다.

✝

전설들

성 프란치스코가 레오 형제에게 완전한 기쁨에 관하여 말하다

어느 겨울에 성 프란치스코가 레오(Leo) 형제와 함께 페루지아(Perugia)에서 천사들의 성 마리아 성당까지 걸었는데, 혹독한 추위로 적지 않은 고생을 하였다. 그는 앞서 가던 레오 형제를 불러 말하였다. "레오 형제, 비록 우리 형제들이 곳곳에서 거룩함과 봉헌의 위대한 모범을 보일지라도, 우리가 여기서 완전한 기쁨을 찾을 수 없음을 기록하고 마음속에 이를 잘 간직하십시오".

그러고 나서 얼마를 걸은 후에 그가 다시 불렀다. "오, 레오 형제, 우리 형제들이 눈먼 이들과 장애인들을 고쳐 주고, 악령들을 쫓아내고, 귀머거리를 듣게 하고, 절름발이를 걷게 하며, 벙어리를 말하게 하고, 더 나아가 죽은 이들을 나흘 후에 부활시켰다 해도, 이것 또한 완전한 기쁨이 아니라고 기록하십시오".

잠시 후에 재차 큰 소리로 불렀다. "오, 레오 형제, 작은 형제들이 모든 언어와 학문에 능하고, 그래서 그들이 예언을 할 수 있고, 미래를 내다보고, 마음과 양심의 비밀을 꿰뚫어 볼 수 있다고 해도, 이 또한 완전한 기쁨이 아니라고 기록하십시오".

그리고 계속해서 걸으면서 다시 한 번 성 프란치스코가 불렀다: "오, 레오 형제, 하느님의 어린 양이여, 우리 형제들이 천사들의 말도 하고, 별들의 행로와 식물들의 생명력도 알고, 형제들에게 세상의 모든 보화가 확연히 드러나고, 형제들이 새와 물고기의 본질과, 그리고 모든 동물과 사람의 본질, 나무와 암석의 본질과, 뿌리가 무엇이고 물이 무엇인지를 안다고 해도, 이것도 완전한 기쁨이 아니라고 기록하십시오".

그리고 그는 다시 앞으로 나아가다가 다시 불렀다. "레오 형제, 또한 우리 형제들이 설교를 매우 잘하고, 그래서 그들이 모든 믿지 않는 사람들을 개종시켰다 해도, 이것 또한 완전한 기쁨이 아니라고 기록하십시오".

이러한 대화 중에 그들은 족히 먼 길을 걸었다. 그 때에 레오 형제가 몹시 놀라서 그에게 물었다: "아버지, 저는 하느님의 사랑 때문에 아버지께 묻습니다. 도대체 무엇이 완전한 기쁨인지 저에게 말씀해 주십시오". 그러자 성 프란치스코가 그에게 대답했다. "우리가 비에 흠뻑 젖은 채, 추위로 온 몸이 굳고 진흙으로 덮여, 배고픔으로 기진맥진해서 성 마리아 성당에 도착하여, 문을 두드릴 것입니다. 그러면 문지기가 화를 벌컥 내며 말할 것입니다. '너희들은 누구냐?'. 그러면 우리가 대답할 것입니다. '당신 형제들 중의 두 사람입니다'. 그 다음에 그가 이렇게 대답할 것입니다. '너희가 말한 것은 모두 거짓말이다. 너희는 오히려 어슬렁거리고 배회하면서 세상을 속이고 가난한 이들의 동냥을

등쳐 먹는 두 명의 떠돌이들이다. 여기에서 당장 나가지 못하겠느냐!'. 그러고 나서 그가 다시는 우리에게 문을 열어 주지 않고, 우리를 눈과 빗속에 멀리 내쫓아, 깊은 밤 춥고 배가 고파서 거의 죽음에 이르러도 이러한 부당함과 학대 앞에서 화를 내지 않고 인내롭게 견딜 때, 그리고 그 문지기가 우리를 부당한 사람으로 여기는 것이 옳고, 하느님께서 그가 그렇게 말하도록 분부하셨다고 여길 때, 오, 레오 형제, 이것이 완전한 기쁨이라고 기록하십시오. 그리고 들으십시오, 레오 형제! 그리스도께서 당신의 형제들에게 주시는, 성령의 모든 선물과 축복보다 더 높은 것이 바로 이것입니다. 자기 자신을 극복하고, 구세주를 위해서 사랑으로 기꺼이 벌과 모욕과 고통을 참고 견디는 것입니다".

성 프란치스코가
맛세오 형제에게 답하다

언젠가 성 프란치스코가 매우 좋아했던 마리냐

노(Marignano)의 맛세오(Masseo) 형제와 함께 포르지운콜라 수도원에 머물렀다. 어느 날 성 프란치스코가 숲에서 기도하다가 돌아와서 숲의 변두리에 다다르자, 맛세오 형제가 그의 겸손을 시험해 보기로 하였다. 그래서 그에게 다가가서 그에게 꾸짖는 식으로 언성을 높여 말하였다. "왜 당신에게? 왜 당신에게? 왜 당신에게?". 성 프란치스코가 의아해하였다: "왜 그러십니까?". 맛세오 형제가 말하였다. "도대체 왜 모든 세상 사람들이 당신을 따릅니까? 그래서 마치 모든 사람들이 당신을 보고, 당신의 말씀을 듣고 당신께 봉사하길 원하는 것처럼 보입니다. 당신의 육신은 그다지 특별히 아름답지도 매력적이지도 않고, 또한 당신은 학문에서 조예도 없고, 높은 귀족 출신도 아닙니다. 그런데도 도대체 왜 모든 세상 사람들이 특별히 당신을 따르는 일이 벌어진 것입니까?".

성 프란치스코가 이 말을 듣고 나서 뛸 듯이 기뻐하였고, 그는 자신의 얼굴을 하늘로 향하여 그렇게 잠시 동안 멈춰 서 있으면서 영혼을 하느님께 향하였다. 이어서 그는 무릎을 꿇고 감사와 찬양으로 하느님을 찬미하였고, 큰 기쁨으로 맛세오 형제를 향하여 말하였다: "알고 싶습니까? 왜 나에게? 왜 나에게? 왜 나에게? 왜 모든 세상 사람들이 나를 따르는지? 지극히 높으신 하느님께서 저에게 주신 선물입니다. 그분의 눈은 언제나 착한 사람들과 악한 사람들을 식별하시는데, 그분의 거룩한 눈은 모든 죄인들 가운데에서 나보다 더 좋지 못하고, 더 미천하고 더 부족한 사람을 찾아내지 못하셨습니다. 하느님께서는 당신의 기적적인 일을 완성하기 위해서 세상에서 저보다 더 약한 존재를 찾아내지 못하셨습니다. 세상의 영화와 지혜를 부끄럽게 하기 위해서 저를 선택하셨습니다. 사람들이 그것을 깨닫고, 모든 힘과 모든 좋은 것이 단지 그분에게서만 오고, 피조물에게서는 오지 않음을 알리시고자 저를 택하셨습니다. 아무도 자만하거나 불손하게 되지 않도록 하시기 위해서 저를 택하셨습니다". 이에 맛세오 형제는 놀랐고 성 프란치스코가 참되고 위대한 겸손의 소유자임을 확신하였다.

성 프란치스코가 제비에게 명을 내리고 새들에게 설교하다

성 프란치스코가 사부르니아노(Savurniano) 성(城)에 와서 막 설교를 하려고 하는데, 수많은 제비들이 마당에서 노래를 부르며 떠들고 있었다. 그는 설교가 끝날 때까지 조용하도록 명하였고 제비들은 그에게 순종하였다.

그 후 어느 날 그는 칸나이오(Cannaio)와 베바뇨(Bevagno) 사이에 있는 마을에 도착하였다. 걷기에만 열중하다가 눈을 들어, 길가에 있는 나무들 위에 새 떼가 무리를 지어 있는 것을 보았다. 이에 성 프란치스코가 경탄하여 동료에게 말하였다. "여기 길가에서 나를 기다리십시오. 나는 가서 나의 사랑하는 형제자매들인 새들에게 설교를 할까 합니다". 그리곤 그는 들판으로 들어가서 거기에 있는 새들에게 말을 하기 시작하였다. 그러자 순식간에 나무 위의 새들이 그를 향하여 가까이 몰려들었고, 그가 설교를 끝낼 때까지 매우 조용하게 있었다. 그가 마지막으로 그들을 축복하자 비로소 새들이 저편으로 날아갔다. 맛세오 형제가 후에 전한 대로, 성 프란치스코가 설교를 하는 동안 새들 중에 단 한 마리도 날아가지 않았고, 성 프란치스코는 새들 아래에서 이리저리 옮겨 다니면서 새들의 머리를 쓰다듬어 만져 주었다.

그는 새들에게 다음과 같은 말로 설교하였다. "새들이여, 나의 형제들이여, 여러분은 영원히 그리고 어디에서나 늘 하느님을 찬양해야 합니다. 그분은 여러분에게 마음대로 어디로나 날아다닐 수 있는 자유를 주셨고, 원하면 언제나 창공에 떠 있을 수 있는 자유를 주셨기 때문입니다. 또한 그분은 여러분에게 예쁘고 몸에 맞는 옷을 주셨기 때문입니다. 그 외에도 그분은 여러분에게 바람까지 주셨으니 여러분은 감사해야 합니다. 더 나아가 여러분은 씨도 뿌리지 않고 추수도 하지 않습니다. 그런데도 하느님께서는 여러분을 먹이시고, 마실 물로 강과 샘을 주셨으며, 또한 피난처로 산과 계곡 그리고 높은 나무를 주시어 그 위에 둥지를 틀 수 있도록 하셨습니다. 여러분을 만드신 창조주께서는 여러분을 진정으로 사랑하십니다. 그렇기에 그분께 감사드리며 항상 그분을 열심히 찬양하십시오".

성 프란치스코가 새들에게 이렇게 이야기를 했을 때, 새들은 모두 입을 벌리고 목을 빼고 날개를 폈으며, 그들의 작은 머리를 땅에 닿도록 조아리고, 몸짓과 지저귐으로 그가 자신들에게 매우 큰 기쁨을 주고 있다는 것을 전하였다. 그러자 성 프란치스코는 그들 모두와 함께 기뻐하였다. 그는 그렇게 큰 무리의 새 떼와 그들의 아름다움과 다양함에 매우 즐거워하였고, 서로 간에 신뢰가 두터웠으며 친밀하였다. 그도 새들처럼 경배심에 가득 차 새들 안에서 창조주를 찬양하였다.

성 프란치스코가 레오 형제에게 환상을 설명하다

언젠가 한번은 성 프란치스코가 아주 심하게 앓고 있었는데, 레오 형제가 옆에서 시중을 들었다. 그러다가 레오 형제가 환상을 보게 되었다. 그는 환상에서 큰 물살이 급하게 흐르는 강을 보았다. 누군가가 물살을 헤쳐 가고 있다고 느꼈을 때, 더 많은 형제들이 물살 속으로 들어가고, 곧 급류에 휩쓸려 익사했다. 몇몇 형제들은 물살의 소용돌이 가까이 들어갔고, 몇몇은 소용돌이 가운데까지, 또 몇몇은 그저 물가 가까이까지만 갔는데도 모든 형제들이 등에 짐을 메고 있었기에 물살에 휩쓸려 들어갔다. 레오 형제가 이러한 광경을 바라보고 있노라니, 형제들에 대한 깊은 연민의 정을 느끼지 않을 수 없었다. 그러나 이러한 상황에서도, 보라, 그때에 어떠한 짐도 어깨에 지지 않은 형제들의 무리가 갑자기 들어와서, 강 속으로 들어가, 아무 일 없이 건너편으로 건너갔다.

 레오 형제가 꿈에서 깨어났다. 그리고 그가 환상을 낱낱이 이야기하자, 성 프란치스코가 말하였다. "형제가 본 것은 사실 그대로입니다. 그 큰 물결은 이 세상입니다. 그 안에서 익사한 형제들은 가난의 서원을 지키지 않은 이들입니다. 그러나 거침없이 건너편에 도달한 이들은 이 세상에서 재산을 찾거나 소유하지 않은 형제들입니다. 그렇기 때문에 그들은 쉽게 시간에서 영원으로 건너갑니다".

라 베르나의
성 프란치스코의 매

복되신 프란치스코가 그의 순례 여행 중에 가장 고통스럽고도 가장 거룩한 시간이었던 라 베르나 산에 머물고 있을 때, 홀로 작은 오두막에서 지냈다. 하지만 그는 병들고 매우 약한 몸이어서 새벽 기도를 하기 위해서 아침에 일찍 잠에서 깰 수가 없었다. 그러나 매일 아침 정확한 시간에 매가 와서 노래를 부르고 오두막을 두드려 그를 잠에서 깨웠다. 매는 성 프란치스코가 새벽 기도를 하기 위해서 잠자리에서 일어날 때까지 그 자리를 떠나지 않았다. 그러나 그가 아파서 너무 힘들어 할 때는, 마치 분별 있고 동정심이 가득한 조물이기나 한 양, 조금 늦은 시간에 노래를 불렀다. 그리고 낮 시간에는 성 프란치스코와 이 고귀한 새는 매우 친밀하게 지냈다.

성 프란치스코가 라 베르나 산을 떠날 때, 바위와 숲과 그리고 형제 매와 진심 어린 작별을 하며 산에게 말했다. "하느님께서 너를 지켜 주시기를! 너 라 베르나 산아, 안녕! 평화가 너와 함께 하기를! 너 축복 받은 산아! 나는 너를 다시는 볼 수 없을 것 같구나!".

피조물의 노래

프란치스코가 병으로 산 다미아노에 누워 성녀 클라라의 간호를 받고 있을 때[11], 그는 커다란 고통을 겪고 있었고, 자신 위에 놓인 죽음의 그림자를 보았다. 그럼에도 그는 기뻐서 말하였다. "한 줄기의 작은 햇빛은 큰 어둠을 몰아내기에 넉넉히 강렬합니다". 그는 밤낮을 가리지 않고 노래하며 시를 썼으니, 지상의 모든 아름다움, 그리고 좋으신 하느님께서 그에게 축복을 내리신 모든 위로와 은총, 또한 자신의 많은 형제들과, 그가 하느님을 보았던 광야의 산과 계곡, 기쁨과 생기를 주었던 강과 평야들, 그리고 동물과 새들을 생생하게 기억하고 있었

---

[11] 역주: 클라라가 간호했을 가능성이 있지만, 이는 어디까지나 헤세의 추측에 지나지 않는다. 어떤 전기 사료에서도 클라라가 프란치스코를 간호했다는 사실은 나타나지 않는다.

기 때문이다. 그러던 어느 날 그는 기도하려다가 기도 대신에 노래를 불렀고, 그 안에서 모든 피조물들에게 주님을 찬미하도록 청하였다. 이것이 사람들이 프란치스코의 「태양 형제의 노래」라고 부르는 (그의 많은 노래 중에서 우리에게 전해진 유일한 노래)[12] 피조물의 찬가로, 다음과 같다[13].

　가장 높고, 가장 힘 있으시며, 자비로우신 주님!
　당신께 찬미, 영광, 영예 그리고 모든 축복이 속합니다.
　그것들은 당신께만 합당합니다, 가장 높으신 분이시여,
　그리고 사람은 당신을 부를 처지가 되지 못합니다.

　주님, 당신은 당신의 모든 피조물과 함께 찬미받으소서,
　특히 우리 주인이며 형제인, 태양과 함께.
　그것은 낮을 만들고 당신은 그를 통해서 우리를 비춥니다.

12　역주: 프란치스코가 시(詩)에 곡을 붙인 것은 「태양 형제의 노래」가 유일하다. 많은 노래가 있었던 것이 아니다. 그러나 이 곡(曲)마저도 전해지지 않는다.
13　역주: 문학가인 헤세의 개성 있는 번역이지만, 원문과는 거리가 있다.

그것은 아름답고 커다란 광채로 반짝이는, 당신의 초상입니다. 가장 높으신 분이시여.

주님, 당신은 자매 달과 별들을 통해서 찬미받으소서,
당신은 하늘에서 그들을 밝고 어여쁘고 아름답게 만드셨습니다.

주님, 당신은 우리 형제 바람을 통해서 찬미받으소서,
또한 공기와 구름과 맑은 날씨와 온갖 날씨를 통해서.
그것들을 통해서 당신은 당신의 피조물들을 기르십니다.

주님, 당신은 우리 자매 물을 통해서 찬미받으소서;
그것은 매우 쓸모 있고, 겸손하며, 귀중하고 순수합니다.

주님, 당신은 우리 형제 불을 통해서 찬미받으소서,
그것을 통해서 당신은 밤을 밝게 하십니다.
그것은 아름답고 쾌활하고 힘차나이다.

주님, 당신은 우리 자매이자 어머니인 땅을 통해서 찬미받으소서,

그것은 우리를 기르고 다스리며

갖가지 과일들을 맺고 갖가지 색의 꽃들과 풀들을 냅니다.

주님, 당신은 당신 사랑 때문에 용서하고

괴로움과 고난을 참고 견디는 이들을 통해서 찬미받으소서.

평화 속에 머무는 이들은 복됩니다.

왜냐하면 그들은 가장 높으신 당신께 관을 받을 것이기 때문입니다.

주님, 당신은 우리 형제 육체의 죽음을 통해서 찬미받으소서.

살아 있는 누구도 그것에서 벗어날 수 없습니다.

죽을 죄 속에서 죽는 이들은 재앙입니다!

죽음이 당신의 뜻에 따라 이루어짐을 발견하는 사람은 복됩니다.

왜냐하면 두 번째 죽음이 그들에게 해를 끼치지 않을 것이기 때문입니다.

주님을 찬양하고 찬미하고, 그분께 감사드리십시오.
크나큰 겸손으로 그분을 섬기십시오.

✝

나가기

    순수하고 고결한 인간의 삶이란 항상 거룩하고 놀라운 법이다. 그러한 삶에서는 엄청난 힘이 솟아올라 아주 멀리까지 파급된다. 우리는 더 오래된 시대의 많은 영웅들과 위대한 인물들에게서보다, 아씨시의 가난뱅이의 삶에서 이를 더욱 분명하게 확인할 수 있었다.

    또한 얼핏 짚어 보아도, 수 세기를 통하여 이탈리아 전역에서 겸손하고 겸허한 프란치스코만큼 그렇게 엄청난 사랑과 존경을 받아 온 인물도 없었음을 쉽게 알 수 있다.

    특히 예술가들이 그를 높이 칭송했으며, 예술가

들에게 그는 자유의 원천이었고, 잠에서 깨어나게 하는 사람이었다. 흡사 지혜롭고 애정 가득한 사람이 연약한 아이를 보살펴 주자마자, 그 아이가 용기와 힘을 얻어 살아나는 것처럼, 유독 예술가들이 아씨시 스승의 사랑의 외침을 따라 살아 일어났고, 그들의 활동이란 프란치스코를 만나기 전까지는 대체로 손을 놓아 버린 지지부진한 상태였다. 그러다가 봄이 온 것처럼 갑작스럽게 열매를 맺고 꽃을 피웠다. 특히, 한 시대를 풍미하던 위대한 세계적 화가인 조토(Giotto)는 자신의 탁월한 작품을 통해서 프란치스코와 그의 영성에 대한 새로운 인식과 사랑이 살아 움직이도록 하였다. 독자들을 조토가 프란치스코의 삶을 그린 영광스러운 아씨시 성당의 벽으로 이끌 수만 있다면, 나는 아씨시의 복된 이에 대하여 단 한 마디의 말도 더하지 않고 멈출 용의가 있다. 왜냐하면 이 그림들은 그의 삶의 업적과 사건만을 가리키는 것이 아니라, 복된 이의 정신에서 흘러나온 감격의 노래이기 때문이다. 조토의 대담하고 열정적인 예술은 이 위대한 가수이자 설교자의 음성의 힘찬 메아리와 다르지 않다. 생명력 있고 심

오한 정신은 항상 또 다른 새로운 형태와 다양함으로 이야기되고 자신을 전달하려고 노력한다는 사실을 우리는 자주 볼 수 있다. 예를 들면, 그리스도의 영은 매우 다양한 방식들 안에서 시대의 특성에 따라 표현되었다. 가르침과 설교가 고갈되고 약화된 시기에 그가 시인과 예언자와 위대한 음악가들을 통해서 이야기하지 않았는가? 그리고 교회가 죄의 심연에서 멸망에 빠져든 시기에 그리스도는 새로운 힘으로 화가, 건축가 그리고 조각가들의 작품을 통해서 이야기하였다!

프란치스코의 모습으로 세상에 온 여리고 복된 하느님의 소식은 그가 죽었다고 사라지지 않았다. 그는 한 움큼의 좋은 씨를 세상에 뿌렸고, 씨앗은 싹이 트고 자라나 꽃을 피웠다. 여기에서는 화가의 영혼에서, 저기에서는 시인 혹은 조각가 혹은 현자의 영혼에서. 그리고 설령 그의 지상 생활에 대한 어떠한 알림이나 그의 노래에 대한 어떤 음색이 우리에게 다다르지 않았다고 해도, 그 대신에 우리에게는 헤아릴 수 없이 많은 이들의 증언이 있었으리라. 그리고 그 안에서 그의 모습과 생활 방식은 우리에게 사랑과 그리움을 일깨웠을 것이고, 많은 언어들, 말과 음악과, 광석, 대리석 그리고 우아한 색깔들이 그에 대한 이야기를 했으리라.

근대 예술사에서 아마도 프란치스코에 관해서 한 만큼, 그렇게 많은 대가들이 꿈을 꾸고 그 꿈의 방식에 따라 명료한 상을 만든 인물도 없을 것이다. 그의 죽음 이후에도 그는 여전히 오랫동안 사람들의 마음에 부드럽고 깊숙한 영향을 주어서, 모든 예술가들의 마음에 드는 사람이 되었다. 예술가들에게 그의 삶은 시적 분위기가 가득 찬 것으로 보였고, 수백 명의 화가들과 조각가들이 묘사하고 영원히 기억할 만한 가치가 있는 것으로 여겨 그의 모습과 삶의 장면들을 형상화하였다. 또한 옛 소설가들도 그를 대단히 존경하였고, 그에 관한 모든 이야기와 구전들을 모았기에 그는 짧은 시간 내에 칼 대제나 신화적 영웅과 비슷하게 모두의 입에 오르내리고, 아름다운 이야기의 화려한 화관에 둘러싸였다.

그리고는 적지 않은 시인들이 그의 감성과 정신에 대해서 쓰고 노래를 불렀다. 프란치스코의 후계자와 프란치스코를 존경하는 사람들은 대부분 단테보다 훨씬 앞서서 대중의 언어를 사용하였기에, 그들은 이탈리아 시 문학의 선구자나 시조(始祖)로 간주되어야만 한다. 이미 프란치스코의 초기 제자들과 동료들 사이에서 여러 시인들이 발견된다. 그들의 일부는 라틴 어로, 일부는 이탈리아 어로 노래와 찬가를 저술하였다. 강렬하고 감동적인 노래인 「분노의 날」(Dies irae, dies illa)은 프란치스코의 후계자인 토마스 첼라노의 작품이라고 (확실하지는 않지만) 생각된다[14]. 더 나아가 베로나(Verona)의 자코모(Giacomo) 형제는 천국과 지옥에 대한 위대하고 아름다운 시를 썼는데, 단테가 비로소 그것을 능가하였다. 이 시인들을 수많은 '찬가들'(Laudes)의 가수들이 추종했고, 그들은 주로 프로방스에서 오랜 기간 동안 모든 민속적인 시 문학을 이끌고 있던 사람들이었다. 그러나 프란치스코의 가장 위대하고 가장 강력한 후계자는 토디(Todi) 지방의 야코포네(Jacopone)라 불리는 베네데티의 야코포네(Jacopone Benedetti)였고, 짓누르는 괴로움에 싸인 힘든 운명이 그를 고통 가득한 아름다운 노래의

---

14 역주: 「분노의 날」은 토마스 첼라노의 작품으로 확인되었다.

시인으로 만들었다. 그의 많은 노래들은 어두운 산의 붉은 백열등에서 타오르는 횃불처럼 슬프고 아름답게, 격렬하고 정열적인 불꽃으로 타올랐다.

더 많은 정신과 미(美)의 영역에서 프란치스코의 대단히 강력한 영향력을 증명하기란 매우 쉬운 일일 것이다. 그처럼 온 국민이 열렬한 사랑으로 매달리어 기억하는 위대한 인물들로부터 모든 시대의 예술은 새로운 영향력과 새로운 생명력을 받아들였다. 그 안에는 설명할 수 없는 영원한 숨결이 있었고, 단지 그들을 생각하는 것만으로도 기적이 일어나고 힘이 솟아나서, 영웅은 행동으로, 화가는 그림으로 가수들은 노래로 고무시킨다. 왜냐하면 그들 모두는 그 안에서 그리움을 일깨우는 비유와 세상에 보내는 하느님의 인사를 보기 때문이다.

프란치스코가 우리에게 피조물의 찬가 외에 다른 시 작품을 남기지 않았는데, '당신은 어떻게 저 프란치스코를 위대한 시인으로 부르는가' 하고 누가 나에게 질문을 던진다면, 나는 대답할 것이다. 그가 우리에게 조토의 불멸의 그림들과 모든 아름다운 전설들과 야코포네의 노래들 그리고 다른 수천의 훌륭한 작품들을 선사했고, 그것들 모두는 그 없이 그리고 그의 영혼의 내밀한 사랑의 힘 없이는 결코 있을 수 없었다고. 그리고 그는 신비스러운 위대한 사람 중의 하나였고, 우리가 정신과 예술의 부활인 르네상스라고 부르는, 저 놀라운 일에 무의식중에 공헌한 최초의 위인들 중의 하나였다고 말이다.

아, 아름다운 작품들을 남긴 유명한 작가들과 시인들은 많다. 그러나 자기 내면의 깊이와 열정으로 영원과 태곳적 인간의 동경에 대한 말과 생각들을 하늘의 사자와 씨 뿌리는 사람처럼 대중에게 전한 사람은 매우 드물다. 그리고 그들의 아름답게 만든 말들과 작품들 때문이 아니라, 단지 그들의 순수하고 고귀한 존재 때문에 수백 년 동안 사랑을 받고 경탄의 대상이 되는 사람들은 드물다. 그들은 복된 별들처럼 우리 위에 순수한 높이로 떠 있어, 금빛 찬란하게 미소 지으며 어두움 속에서 길을 잃고 헤매는 사람들의 선한 안내자와 지도자인 것이다.
(1904).

✝

꽃놀이

성 프란치스코의 어린 시절

"치스코!". 어머니의 목소리가 위에서 들렸다. 모든 것이 조용하고 따스하며 나른한 이탈리아의 늦은 오후였다. 한 번 더 사랑 가득하고 생기 넘치는 목소리가 들렸다. "치스코!".

열두 살 소년이 집 현관 옆 그늘진 구석에 있는 먼지투성이의 돌 위에 앉아 있다. 가냘픈 두 손을 가느다란 무릎 위에 포개 놓고 거의 졸고 있었다. 갈색 곱슬머리는 아이의 이마 위에서 반짝이며 부드럽게 늘어뜨려져 있었다.

얼마나 청아하게 들리는가! 깃털처럼 부드럽고 가벼우며 활기 넘치는 어머니의 목소리는, 늘 그러했듯이, 선하고 다정하며, 한결같고 우아하였다. 프란치스코는 사랑하는 마음으로 그를 불렀던 목소리가 끝에서 작아져 가는 곳으로 따라 들어갔다. 그가 뛰어오르려던 순간 다리에 경련이 일어났다. 그러나 약한 자극은 다시 금세 잠들었고, 깊은 태양의 적막 속에 어머니의 사랑의 목소리가 여전히 울려 퍼짐을 느끼는 동안, 그의 세계는 어느새 먼 곳에 이르렀다.

이 세상은 멋진 일의 연속이었다. 착한 아이들이라고 누구나 다 프란치스코처럼 그렇게, 아버지의 층계 앞 어둡게 드리운 그늘 안에 잠긴 채, 아버지에게 버릇이 없어질 정도로 귀염을 받고 어머니에게서는 가끔 꾸중도 들으며, 앉아 있지는 않는다. 이웃집들, 우물, 실측백나무, 산들이 빙 둘러서서 집안을 들여다보고 있었다. 늘 똑같이, 늘 같은 것들이다. 온 세상을, 프랑스와 영국과 스페인을 말을 타고 다니는 이들이 있었다. 그들은 모든 성들과 도시들을 지나쳤으며, 좋지 않은 일들이 일어나는 곳, 어떤 신심 깊고 착한 사람을 죽음으로 이끈 곳, 혹은 아리따운 가난한 공주가 마법에 걸린 곳을 지나쳤다. 그곳에서 영웅, 기사, 해방자가 나타났고, 그들의 우람한 칼을 뽑아 들었으며 정의를 실현하였다. 어떤 기사들은 무어 군대 전체를 쳐부수어 도주하게 만들었다. 그들은 배를 세상 끝까지 몰고 갔고, 그들 앞에서 폭풍우가 그들의 대담하고 위대한 이름과 행적을 온 세상에 퍼뜨렸다. 그렇게 하인에 불과한 피에트로 베르나르도네는 프란치스코에게 어제 올란도에 대해서 이야기하였다[15].

프란치스코는 곱슬머리 밑으로 눈을 깜빡이며 이끼가 낀 이웃집 처마 옆의 골목과 포도밭의 돌기둥 사이로 마을을 내려다보았다. 움브리아 골짜기를 따라 아래로 그리고 반대편 산으로, 산의 언덕에 작은 도시가 흰 종탑과 함께 작게 멀리 아득하게 펼쳐져 있다. 그리고 그 뒤에는 푸른 하늘과 세

---

15 역주: 대립성 안에서의 선(善)의 단일성을 보여 주는 헤세 문학의 단면이다. 헤세의 단일 사상은 그러니까 대립되어 있는 것들 뒤에, 그리고 대립되어 있는 것들을 초월해 있는 단일에 대한 사상인 것이다. 헤세의 양극적 단일 사상과 인류의 정신사에 나타나는 양극적 단일 사상에 대해서는 다음 논문을 참조하기 바란다: Inn-Ung Lee, 『Ostasiatische Anschauungen im Werk Hermann Hesses』, Diss., Würzburg, 1972, 178-181.

상의 다채로운 어떤 영감이 있었다. 그것이 얼마나 아름답고 얼마나 고통스러운지, 그 뒤의 모든 것을 아는 것, 모든 것, 모든 것, 큰 강들과 다리들, 도시들과 바다들, 왕들의 성들과 진영들, 음악을 연주하는 기병대들, 말을 탄 영웅들과 아름다운 귀족 부인들, 말을 타고 하는 창 시합과 현악기, 금빛 전투 장비들과 사각사각 소리가 나는 비단 옷들, 모든 것이 준비되어 있었고, 준비된 모든 것이 기다리고 있는, 모든 것, 모든 것이 도착한 이들, 용기를 지닌 이들, 그리고 그것을 차지한 이들을 위해 준비된 식사가 있었다[16].

정말, 사람은 힘을 잃지 말아야 했다. 모든 것이 혼돈스러웠고 적대적인 마술로 가득하고 구덩이가 사람들의 유골로 가득할 때, 그러한 밤에 낯선 황무지를 말을 타고 갈 만큼, 베르나르도네의 아들

---

[16] 역주: 계속해서 대립성 내지 다양성 안에 깃든 선(善)의 단일성이 의도된다. 같은 시기인 1919년에 발표된 『데미안』에서도 초극된 단일성이 주제로 등장한다: "새는 알에서 나오려고 애쓴다. 알은 새의 세계다. 태어나려는 자는 한 세계를 깨트리지 않으면 안된다. 새는 신을 향하여 날아간다. 그 신의 이름은 아프락사스다"(헤르만 헤세, 『데미안』, 정홍택 옮김, 소담 출판사, 1996, 116).

프란치스코는 그토록 많은 용기를 지녔는가? 그리고 그가 붙잡혀서는 화가 난 무어 왕 앞으로 끌려가거나 저주받은 성에 갇힌다면! 그것은 안될 일이었다. 그것은 상상할 수 없었다. 그것은 어렵고, 대단히 어려웠고, 그것을 견딜 수 있는 사람은 몇 안된다. 그의 아버지는 그것을 할 수 있었을까? 아마도, 누가 알겠는가? 그러나 이제 그것을 할 수 있는 사람이 있었다면, 올란도(Orlando)와 란칠로토(Lancillotto)와 모든 이들이 했다면, 그들처럼 똑같이 하는 것보다 젊은이를 위해서라면 다른 길이 있었을까? 사람은 여전히 돈을 걸고 내기를 하거나 호박씨를 끼워 넣을 수 있었을까?[17]. 그리고 여전히 수공업자나 상인, 혹은 사제나 혹은 어떤 다른 것이 되기를 원할 수 있었을까?[18].

하얀 이마에는 깊은 주름이 생겼고, 눈은 주름

---

17 역주: 호박씨로 놀이를 하는 놀이의 한 종류로서, 여기서는 평범하고 지루한 일을 피력할 것이다.
18 역주: 궁극의 선(善)에 이끌려가는 인간들의 알 수 없는 운명을 노래하고 있다. "이 단일성은 진정, 유희가 충만한, 고통과 웃음이 가득 찬 삶 그 자체다"(정경량, 『헤세와 신비주의』, 한국문화사, 1997, 121).

진 눈썹 밑에서 사라졌다. 정말이지 일을 결정하는 것이 어려웠다. 공주가 그들에 대해서 들어보지 못했고, 그들에 대해 누구도 노래하지 않았으며, 그들에 대해 마부들이 밤에 이야기 하지 않았으니, 얼마나 많은 기사들과 기사의 젊은 종들이 이미 그것을 시도했을 것이며, 시작하자마자 이미 몰락했을 것인가! 그들은 가 버렸고, 맞아 죽었고, 독살되었으며, 익사했고, 낭떠러지에서 떨어졌고, 용에게 잡아 먹혔으며, 동굴에 갇혔다. 그들은 헛되이 벗겨졌고, 보람 없이 궁핍하게 되어 고통에 시달렸다![19].

프란치스코는 몸서리쳤다. 그는 자신의 마르고 햇볕에 그을린 손을 내려다보았다. 아마도 그 손을 일찍이 사라센인들이 잘랐을지 모르고, 아마도 못으로 십자가에 박혔을지도 모르고, 아마도 독수리에 먹혔을지도 모른다. 섬뜩했다. 이 세상에 얼마나 많은 좋은 것들이 있는지, 얼마나 아름답고, 호감이 가고, 맛있는 것들이 있는지 사람이 생각했다면.

---

19 역주: 궁극의 선(善)에 이끌릴 수밖에 없는 인간의 나약함이 나열된다.

아, 무엇이 좋은 일을 위한 것인가! 가을에 구운 밤이 속에 들어 있는 난로의 불과 봄에 흰옷 입은 귀족의 딸들과의 꽃 잔치. 혹은 그가 열네 살이 되면, 그의 아버지가 그에게 한 마리 주겠다고 약속했던 어리고 온순한 말. 그러나 또한 다른, 더욱 단순한 것들, 아름답고 귀중한 것들이 백 가지, 천 가지나 있었다. 그저 태양이 발끝에 있고 서늘한 담에 등을 기대고 그늘 속에 앉아 있는 것. 혹은 밤에 침대에 누워 있는 것, 쾌적하고 부드러운 따스함과 피로의 온화한 어스름 외에 아무것도 느끼지 않는 것. 혹은 어머니의 목소리를 듣고, 어머니의 손을 머리카락에서 느끼는 것. 그리고 그렇게 천 가지 것들이 있었고, 모든 것이 그러했으며, 일어나고 잠자는 것, 저녁과 아침이 그러했고, 어디에나 수많은 향기와 좋은 소리, 수많은 색깔들, 수많은 사랑스러운 것들과 기분 좋은 것들이 있었다.

 그런데도 이 모든 것들을 하찮게 여기는 것, 이 모든 것들을 단념하는 것, 이 모든 것들을 내기에 거는 것이 과연 필요했을까? 단지 용을 정복하기 위해서(혹은 또한 그에게 찢기기 위해서) 혹은 왕에게 장군으로 임명받기 위해서? 그러해야 했을까? 그것이 옳은 일이었을까?

　세상의 누구도, 아버지도 어머니도, 그에게 그러한 것을 요구하지 않았고, 단지 자신의 마음이 그것에 대해 이야기했고, 그것을 꿈꾸었고, 그것을 갈망했음을 소년은 생각해 내지 않았다. 그는 필요만을 느꼈다. 하나의 이상이 세워졌다. 하나의 소명이 그에게 전달되었고, 열정이 그의 안에서 불타올랐다. 그러나 가장 아름답게 보이는 그 영웅심이 왜 그토록 어렵고도 어려웠을까? 도대체 사람은 왜 선택하고, 단념하고, 결정해야 했는가? 도대체 사람은 마음에 드는 것을 왜 단순하게 할 수 없었을까? 그렇다면 도대체 무엇이 마음에 들었을까? 전부인가 혹은 아무것도 아닌가. 순간을 위한 모든 것인가, 영원히 아무것도 아닌 것인가. 아, 이 목마름! 아, 이 소모성의 열망! 그리고 수많은 고통과 숨겨진 두려움이 함께했다!

　화가 나서 그는 머리를 무릎에 부딪쳤다. 그러할지라도 - 그는 기사가 되길 원했다. 그들이 그를 살해할지라도, 그가 사막에서 여위어 갈지라도 - 그는 기사가 되길 원했다. 그들은 벌써 보게 되리라, 마리에타(Marietta)와 피에로(Piero)도, 또한 어머니도, 그리고 우둔한 라틴 어 선생님조차 이미! 백마를 타고, 스페인식 깃털 장식이 있는 금빛 투구를 쓰고, 이마에 큰 상처 자국을 지니고, 그는 고향으로 돌아올 것이다[20].

한숨을 쉬며 그는 다시 쓰러졌고, 붉게 연기가 나는 먼 곳을 포도나무 줄기 사이로 들여다보았다. 그곳에서는 모든 푸른 그림자가 꿈이자 약속이었다. 그는 창고 속에서 피에로가 떠드는 것을 들었다. 그의 옆에 그림자의 줄이 넓게 퍼졌고 햇볕 가득한 거리에 뚜렷한 윤곽을 나타냈다. 멀리 있는 언덕 위에 뜨거운 하늘이 온화하였고 금빛이 되었다.

골목으로 아이들의 작은 행렬이 왔다. 여섯 혹은 여덟 명의 소녀들과 소년들이 둘씩 왔다, 그리고

---

[20] 과거와 현재와 미래가 초월되어 입체적으로 선(善)을 도출하는 헤세 문학의 진수다. 『꽃놀이』와 같은 시기인 1919년에 출간한 작품인 『데미안』에 대하여 헤세 스스로 다음과 같이 말한다: "사실상 데미안은 원래 인간이 아니라 하나의 원리이다. 하나의 진리나 교리가 사람의 모습으로 재현된 것이다"(정경량, 『헤세와 신비주의』, 한국문화사, 1997. 163). 따라서 『꽃놀이』에서 헤세는 프란치스코를 하나의 초시간적인 진리의 현현으로 묘사했다고 할 수 있을 것이다.

둘씩 행렬했다. 그들은 꽃잎으로 된 화관을 먼지투성이의 목과 옷에 휘감았고, 손에 아네모네를 들고, 미나리아재비와 데이지, 제라늄과 샐비어를 개의치 않고 따서, 반으로 꺾어 이미 거의 시든 것을 줄기로 그 사이에 꽂았다. 맨발은 돌로 포장된 길에서 부드럽게 찰싹 소리가 났으며, 좀더 큰 사내아이는 나란히 박자를 맞추어 나막신으로 달그락 달그락 소리를 냈다. 그들은 모두 함께 작게 잘라낸 시 한 구절을 노래했다. 성가의 꾸며 낸 메아리를, 후렴과 함께:

천 송이 꽃, 천 송이 꽃을
당신, 성모 마리아께….

그렇게 작은 순례단은 산 위로 갔다. 미세한 소리와 빛깔이 죽은 듯한 골목 위로 날리면서 그들과 함께 갔다. 꽃을 입에 물고 콧노래를 멈추지 않은 채 머리를 땋아 내린 한 소녀가 맨 뒤에 갔다. 떨어진 몇몇 꽃들이 무리 뒤 먼지 속에 놓여 있었다.

프란치스코는 자신에게도 익숙한 노래의 멜로

디를 즉시 따라 흥얼거렸다. 그 또한 이 놀이를 백 번 이상 했었다. 그것은 오랜 기간 동안 그가 좋아했던 놀이였다. 이제는 그가 더 큰 아이들에 속하여 금지된 사내아이들의 장난을 이미 더 자주 함께 한 이후로, 어린이들의 천진난만함과 함께 이 신심 깊은 놀이는 그에게 낯설어진 터였다. 그는 큰 아이들에 속하게 되어, 아주 이른 시기에 영혼의 변화 속에서 낙(樂)의 무상함을 노래하는 노래는 이제는 경고적이며 우울하게 느껴진다. 그가 영웅이 되기로 결심했기에, 오늘 아이들의 놀이는 그에게 온전히 하찮고 어리석은 것으로 보인다.

그는 지나가는 작은 아이들을 무심하고도 흡족하게 바라보았다. 그는 여섯 살쯤 되어 보이는 소년이 머리를 땋은 소녀 옆에서 가는 것을 보았다. 그 소년은 꺾은 한 송이 꽃을 두 손에 쥐고 자기 앞에 들어 올리고 있었으며, 기수처럼 위엄 있게 보폭을 크게 하여 거의 물을 건너듯 천천히 걸었고, 노래를 잘 부르지 못하였지만, 그의 동그란 눈은 축제와 경건한 봉헌에 반짝였다.

"천 송이 꽃". 그는 열렬하게 불렀다. "천 송이

꽃을 당신, 성모 마리아께!".

소년을 바라보고 있자니, 갑자기 꽃놀이의 아름다움과 경건함에 감성이 풍부한 프란치스코의 마음이 동했거나, 불현듯 똑같은 놀이를 했던 먼 옛날의 어렴풋한 기억이 생생히 되살아났다. 격정적으로 뛰어들어 그는 아이들 뒤로 갔고, 스스로에게 명령하듯 그들을 불렀으며, 그들에게 여기 집 앞에서 잠깐 기다리라고 말하였다.

그들은 그를 따랐고 – 그는 인솔하는 습성이 있었으며, 또한 부유한 상인의 아들이었다 – 그들은 손에 너덜너덜한 꽃을 들고 기다렸다. 노래는 그쳤다.

그 사이 프란치스코는 두 집 사이에 어렵게 돋우어서 손질해 둔, 어머니의 작은 정원, 서너 걸음 길이의 아주 작은 정원으로 달려갔다. 그곳에는 꽃이 별로 없었다. 수선화는 시들었고, 계란풀은 이미 씨가 생겼다. 그러나 보라색 붓꽃 두 송이가 피어 있었다. 그들은 어머니의 소유였다. 마음이 술렁거렸다. 그는 손을 뻗어 크고 아름다운 거의 모든 꽃들을 꺾었다. 부드럽고 무성한 줄기들이 그의 손에서 뽀드득거렸다. 그는 한 송이에 눈을 가까이 대고 흰 꽃받침을 들여다보았다. 보라색 빛이 바래 있었고, 노란 털의 수술들이 질서정연하게 나 있었다. 그는 꽃이 매우 가엾다고 느꼈다.

이제 그는 돌아왔고, 모든 아이들이 백합을 받았다. 그 스스로도 손에 한 송이를 쥐고 행렬의 앞으로 가서 앞서 갔다. 그들은 그렇게 다음 골목으로 행렬했고, 아름다운 정원의 꽃들과 모든 이가 아는 인솔자의 모범은 많은 아이들을 끌어당겼다. 꽃이 있거나 없거나 그들은 따라갔고, 다음 골목에서 다른 곳으로, 그리고 그들이 마침내 노래를 부르면서 주교좌성당 마당에 당도하였고, 금빛 하늘에 저녁 산이 푸르고 붉게 빛을 내었을 때, 큰 무리가 되었다. "천 송이 꽃, 천 송이 꽃을". 그들은 노래를 불렀다. 그리고 주교좌성당 앞에서 춤추기 시작하였고, 프란치스코는 흥분하여 타는 듯한 뺨을 하고는 앞장서서 춤을 추었다. 저녁에 어슬렁거리는 사람들과 집으로 돌아가는 농부들이 멈추어 서서 바라보았다. 어린 소녀들이 프란치스코를 칭송하였고, 마침내 한 소녀가 대담해져서 모든 이가 바라는 바를 하였다. 그녀는 아름다운 청년에게 가서 그에게 손을 내밀고 그와 함께 춤을 추었다. 웃음과 갈채가 그 속에 섞였다. 작은 소녀들의 입가에 어린 미소가 처녀들의 미소로 변하듯이, 장난스런 어린이들의 놀이가 순간 작고 기쁜 축제의 꽃으로 피었다.

저녁 기도 시간에 모든 것이 침묵 속에서 끝났다. 프란치스코는 진정 열정적이고 고조된 모습이었고, 이제야 그는 자신이, 이제껏 더 큰 아이들과 그리고 귀족 아들들과 많은 교제를 가졌던 터에 얼마 전부터 조심스럽게 떠나 있었던, 행렬과 춤을 맨발로 그리고 모자 없이 함께 했다는 사실을 알아차렸다.

식사 후에, 그가 마음의 반대와 거부를 무릅쓰고 침대로 잠자러 갔을 때, 기사직과 그가 받은 남자들의 의무감 높은 기준이 갑자기 다시 그의 마음에 다가왔다. 그는 자신에 관한 일을 잊었다는 분노와 자기 경멸로 창백하게 되었다. 그가 자주 했던 것처럼, 눈을 감고 입을 다문 채 그는 자신을 가장 쓰라리게 꾸짖고 경멸하였다. 아름다운 영웅, 훌륭한 올란도가 어머니의 꽃을 꺾고 작은 아이들의 무리와 함께 춤을 추고 즐기러 가다니! 아름다운 기

사라니! 그는 장난기가 많은 사람이었고, 익살꾼이었으며, 바보 같은 사람이었다. 이러한 사람이 어떻게 의젓하고 고귀한 사람이 되려고 했는지 하느님께서만 아신다. 아, 주교좌성당 앞에서 춤을 출 때 저녁노을과 부드럽고 금빛 나는 먼 곳은 얼마나 마음속에서 빛났던가! 그것이 말하지 않았고, 그것이 유혹하지 않았으며, 전령의 외침처럼 높고 강렬하게 재촉하지 않았는가? 그리고 그는 춤을 추었고, 유희를 하였으며 마지막에 농부의 딸들과 입맞춤까지 하였다! 광대! 익살꾼! 그는 주먹 쥔 손을 손톱으로 팠고 굴욕과 자책으로 신음하였다. 아, 그간 해 왔던 모든 일이 그랬다. 모든 것이 그러하였다. 항상 시작할 때 의도는 좋고 자랑스럽고 고귀했으나, 나중에는 바람의 변덕과 산들거림과 향의 하늘거림과 유혹이 어디론가부터 와서, 고귀한 영웅은 항상 그러했던 것처럼 다시 길거리의 소년이 되었고 바보가 되었다. 아니, 높은 꿈, 거룩한 결정과 열정은 애초에 없었다. 이 모든 것들은 다른 이들을 위해서만, 더 고귀한 이들을 위해서만, 더 가치 있는 이들을 위해서만 존재하는 것이었다. 오, 란칠

로토! 오, 올란도! 오, 영웅 찬미가들과 트라시메노 (Trasimeno) 호수의 먼 산 위에 있는 거룩한 노을!

어두움 속에서 문이 스르르 열렸고, 어머니가 조용히 들어왔다. 아버지가 여행 중인 요즘, 어머니는 프란치스코와 같은 방에서 잤다. 그녀는 집에서 신는 가벼운 신발을 신고 그의 침대로 조용히 다가갔다. "아직도 안 자니, 프란치스코?". 그녀가 부드럽게 물었다.

그는 잠든 체하려다가 그렇게 하지 않았다. 대답 대신 그는 그녀의 손을 향해 손을 뻗어 꼭 쥐었다. 그는 어머니의 목소리와 마찬가지로 아름다운 손을 몹시 사랑하였다. 그녀는 그에게 오른손을 내맡기고서 왼손으로는 그의 머리를 쓰다듬었다.

"어디 편치 않니, 아가야?". 그는 잠시 침묵했다. 그리고는 매우 조용하게 말하였다. "나는 잘못을 저질렀어요".

"그것이 나쁜 것이니, 프란치스코? 나에게 말해보렴!".

"오늘 어머니의 거의 모든 꽃을 꺾었어요. 그 파란색 꽃, 어머니도 아실 거예요, 그 큰 꽃. 그 꽃들은 이제 없어요".

"알고 있단다. 보았어. 그게 너였니? 필리포나 그라페라고 생각했단다. 평소에 너는 그런 거친 짓을 하지 않으니까".

"죄송해요. 제가 그걸 아이들에게 주었어요".

"어떤 아이들인데?".

"아이들이 왔어요. 우리는 '천 송이 꽃' 놀이를 했어요!".

"너도? 너도 같이 했어?".

"예, 갑자기 함께해야 했어요. 아이들한테는 시든 아네모네밖에 없었거든요. 저는 행렬을 아름답게 만들고 싶었어요".

"너희들은 주교좌성당으로 갔니?".

"예, 주교좌성당으로, 예전처럼".

그녀는 그의 머리에 손을 얹었다.

"아니야. 그것은 나쁘지 않아, 프란치스코. 그래, 네가 꽃을 단지 멋대로 못쓰게 만든 것이 아니잖니! 그게 아니잖아. 그건 정말 나쁘지 않아. 안심해!".

그는 조용히 누워 있었다. 그녀는 그가 잠잠해졌

다고 생각했다. 그때 그가 아주 조용히 다시 시작했다.

"꽃 때문이 아니에요".

"아니라고? 그렇다면 도대체 무엇 때문에?".

"저는 말할 수 없어요".

"말해 봐. 이야기해 봐! 아직도 양심의 가책을 받고 있니?".

"어머니, 저는 기사가 되고 싶어요".

"기사? 그래, 그거야 물론 시도해 볼 수 있겠지 … 그러나 그게 무슨 관계가 있지?".

"있어요! 아주 관계가 많아요! 어머니는 저를 전혀 이해할 수 없어요! 보세요, 저는 정말 기사가 되기를 원해요! 그런데 저는 정말 그렇게 할 수가 없어요! 매번 다시 저는 어리석은 짓들을 해요. 기사가 되는 것은 매우 어려워요. 참된 기사는 절대 나쁜 짓이나 우둔한 짓 그리고 바보 같은 짓을 하지 않아요. 그리고 저도 그렇게 하고 싶어요. 또한 그런 사람이기를 원해요. 그럼에도 저는 할 수가 없어요! 갑자기 저는 오늘 아이들과 뛰어다녔고 그들 앞에서 춤을 추었어요! 어린아이처럼요!".

어머니는 그를 베개에 다시 뉘었다.

"어리석게 행동하지 말거라, 프란치스코! 춤은 죄가 아니야. 또한 기사는 그가 기쁠 때나, 다른 이들에게 기쁨을 주고 싶을 때, 춤을 아주 잘 출 수 있어. 봐, 너는 네가 생각하는 것과는 전혀 다른 사실에 괴로워하고 있어. 사람은 하고 싶은 모든 것을 모두 다 할 수는 없어. 기사들도 일찍이 어린아이였고 놀이를 하고 춤을 추었어. 그리고 다른 모든 것도. 그런데 어머니에게 말해 보렴! 왜 기사가 되려는 것이지? 그들이 대단히 경건하고 용감해서?".

"네, 네. 그리고 또 아시다시피, 그러면 저는 지도자나 장군이 될 수 있고, 그러면 모든 사람들이 저에 대해 이야기할 거예요".

"그래, 그렇다면 도대체 모든 사람이 너에 대해 이야기해야만 되겠니?".

"그럼요, 정말 그렇게 하고 싶어요".

"그렇다면 사람들이 항상 너에 대해 그저 좋은 것을 말할 수 있도록 노력하거라. 그렇지 않으면 사람들의 입에 오르내리는 것은 나쁜 일이니까!".

그녀는 한동안 더 그의 곁에 머물러서 그의 손

을 잡아 줘야만 했다. 그녀가 그의 소원과 계획의 천진난만함과, 그를 자극했던 열정과 고통스러운 흥분을 비교했을 때, 그녀는 묘한 기분이 들었다. 이 아이는 아마 많은 사랑을 경험할 것이다. 그것은 확실했다. 그러나 또한 많은, 많은 실망도 경험할 것이다. 아마도 기사가 되지는 않을 것이다. 그것은 꿈일 뿐이었다. 하지만 선이든 악이든, 어떤 통상적이지 않은 무언가가 분명 그에게 있었다.

그녀는 어둠 속에서 그에게 성호를 그어 주었고, 그가 후에 스스로에게 붙인 그 이름을 마음속으로 불렀다. 빈털터리. (1919).

해설

성 프란치스코와 헤르만 헤세

이재성 보나벤투라, 작은 형제회(프란치스코회)

독일의 문학가 헤르만 헤세는 모두가 다 알고 있다시피 종교의 합일을 추구한 사람이다. 그는 예수 그리스도는 말할 나위도 없고 부처, 노자, 장자, 괴테에 심취한 사람이었다. 문학가이면서도 구도자였던 헤세로서는 위에 열거한 현인들만으로도 구도의 정점을 찍기에 부족함이 없었을 것이다. 여기에 볼품없는 프란치스코까지 그에게 끼어들어야 할 이유는 무엇이었을까? 평범한 사람들 사이에서도 서로 절친한 관계가 형성되려면 무언가 서로 끌리는 면이 있어야 한다. 성 프란치스코의 어떤 면에 헤세가 매료되었을까?

1. 선(善)이신 하느님

프란치스코는 얼마 되지 않는 자신의 글에서 여기저기 하느님은 선(善)이심을 반복해서 노래한다. 자신이 체험한 사실이 아니면 결코 말해 본 적이 없는 프란치스코로서 하느님을 선(善)으로 정의했을 때는 선(善)을 이미 자신의 생활로 끌어들였다는 뜻이 된다. 그의 생활에 선(善)이 배어 있다는 뜻이 된다. 그는 이토록 대단히 낭만적이다. 프란치스코는 누구보다도 정신을 생활로 살아 낸 낭만주의의 극치다. 달과 별 그리고 땅에 경탄하고 풀 한 포기에 놀라고 모슬렘인 술탄을 사랑한 사람이 그다. 만물이 하느님을 노래하고 있고, 노래하는 만물을 사다리로 하여 그는 가뿐히 저쪽으로 넘어갔다. 여기서 프란치스코의 선(善)이란 그가 그토록 역겨워했던 나환우를 초월한 선(善)임을 간과해서는 안 된다[21].

---

21 참조: 프란치스코의 「유언」 1-3절.

1.1. 자연(自然)

이처럼 프란치스코에게 있어서 자연(自然)이란 선(善)에 이르는 가교 중의 하나였다. 이 점에 있어서는 많은 사람들이 언급했기에 재차 증거를 들면서 여기에서까지 열거해야 할 필요성을 느끼지 않는다[22]. 이 점에 있어서는 헤르만 헤세도 동일하다[23].

그러나 프란치스코는 자연의 만물 중에서도 유독 새와 절친했었기에 새와의 관계를 언급하지 않을 수 없다. 프란치스코에게 있어서 새는 거의 직접적으로 선(善)이신 하느님을 전달하는 피조물이요 전령이었기 때문이다. 헤세가 전하는 프란치스코가

---

22 참조: 고계영, 「아씨시 성 프란치스코의 창조물을 통한 신비 체험과 신비적 치유」, 『창조물의 신비』, 프란치스코 출판사, 2012, 216-253; 이재성, 「태양 형제의 찬가'와 자연」, 같은 책, 259-298.

23 "나는 언제나 사물의 근본을 탐욕스럽게 들여다보았다. 나는 바람이 나뭇가지 끝에서 수많은 소리를 울려내고 시냇물이 협곡 사이로 두런거리며 흐르는 것에 귀를 기울였고, 고요하고 조용한 강줄기가 평원을 흐르는 소리를 들었고, 그런 소리들이 신의 목소리라는 것을 알았으며, 이 어둡고도 아름다운 언어를 이해하는 것이야말로 잃어버린 낙원을 다시 찾는 일이라는 것을 알았다"(헤르만 헤세, 『페터 카멘친트』, 김주연 옮김, 문학과 지성사, 2013, 128).

새에게 한 설교 내용을 들어 보면, 프란치스코가 새를 통하여 선(善)을 어떻게 이해하였는지를 알 수 있을 것이다. 헤세가 다른 전기 사료들을 이용하여 재구성한 것이기 때문에 이는 선(善)에 대한 헤세의 이해이기도 하다.

   새들이여, 나의 형제들이여, 여러분은 영원히 그리고 어디에서나 늘 하느님을 찬양해야 합니다. 그분은 여러분에게 마음대로 어디로나 날아다닐 수 있는 자유를 주셨고, 원하면 언제나 창공에 떠 있을 수 있는 자유를 주셨기 때문입니다. 또한 그분은 여러분에게 예쁘고 몸에 맞는 옷을 주셨기 때문입니다. 그 외에도 그분은 여러분에게 바람까지 주셨으니 여러분은 감사해야 합니다. 더 나아가 여러분은 씨도 뿌리지 않고 추수도 하지 않습니다. 그런데도 하느님께서는 여러분을 먹이시고, 마실 물로 강과 샘을 주셨으며, 또한 피난처로 산과 계곡 그리고 높은 나무를 주시어 그 위에 둥지를 틀 수 있도록 하셨습니다. 여러분을 만드신 창조주께서는 여러분을 진정으로 사랑하십니다. 그렇기에 그분께 감사드리며 항상 그분을 열심히 찬양하십시오.

이는 하느님 나라를 새에 비유하여 상징적으로 묘사한 예수 그리스도의 선관(善觀)이요, 예수 그리스도를 통하여 주어지는 선(善)이다[24]. 선(善)이란 전적으로 주어지는 것이다. 프란치스코는 자신에게 증여된 주어진 선(善)을 새처럼 누렸다. 새처럼 나그네 되고 음유 시인이 되어 즐겼다. 선(善)이 되었다. 헤세는 어떤 현인들보다도 프란치스코에게서 극명하게 드러나는 선(善)에 매료되어 프란치스코에게 심취했음이 분명하다. 왜냐하면 형제들의 수가 증가하고 수도회 안에서 일어나는 잡다한 일로 인하여 프란치스코에게서 더 이상 명료한 선(善)이 드러나지를 않자 헤세는 그 시점에서 『성 프란치스코의 생애』의 집필을 마감한다.

이때부터의 작은 형제회의 번성과 진로 방향은 프란치스코의 가장 좋은 선(善)의 위력을 소진(消盡)시켜, 그에 관하여 더 이상 많은 말을 전할 수가 없다.

---

24 참조: 마태 6,26; 루카 12,24.

뿐만 아니라 헤세는 죽음을 목전에 두고 누워 있는 프란치스코를 "선(善)에 가득 차 누워 있었다"고 묘사한다. 첼라노 전기에서는 말할 나위도 없고, 어떤 전기 사료에서도 죽음을 앞둔 프란치스코를 이렇게 묘사하지 않는다. 헤세만이 유일하다. 그의 이 시각이 아주 예리하고 탁월하다.

죽기 며칠 전 그는 포르지운콜라로 자신을 옮기게 하였다. 그는 그곳을 실제로 자기 집으로 여기고 좋아했었다. 그는 그곳에서 죽음을 기다리며 미소를 지었고, 선(善)에 가득 차 누워 있었다. 그리고 여전히 동료들에게 많은 위로의 말을 하였다.

프란치스코와 자연이나 새와의 연결 고리도 선(善)이었고, 프란치스코와 헤세와의 연결 고리도 선(善)이었다. 새를 좋아하는 프란치스코와 새를 좋아하는 프란치스코를 알아들은 헤세와의 관계는 가히 운명적이라고 해야 할 것이다[25]. 어느 성현이나

---

25 참조: 두행숙,「헤세에 있어서 새의 모티브와 그 모순적 이미지」,

현인들 중에서도 인간 프란치스코만큼 헤세에게 선(善)을 극명하고 단일하게 비춰 주는 사람은 없었을 것이다. 헤세도 이를 고백한다:

"오랫동안 저는 성 프란치스코를 문학적으로 표현하고 싶었습니다. 그러나 그것은 불가능합니다. 왜냐하면 그의 빛나는 모습 그대로가 하나의 순수하고 감미로운 작품이기 때문입니다. 그 순수함을 제가 망쳐 놓을 수 없습니다"[26].

헤세 자신도 자연과의 관계에서만은 프란치스코의 제자임을 스스로 고백한다.

"너 시인아!" 신은 말했다. "너 움브리아 사람의 제자야. 인간에게 사랑을 가르치고 행복하게 해 주기 원한다는 예언자야! 바람과 물에서 내 목소리를 듣고 싶어 하는 관상가야!"[27]

『헤세연구』 11(2004. 6), 한국헤세학회, 38-51.
26 Herman Hesse, 『Franz von Assisi』, Insel Verlag, 1988, 104.
27 헤르만 헤세, 『페터 카멘친트』, 김주연 옮김, 문학과 지성사, 2013, 177.

1.2. 나그네와 음유 시인과 악사(樂士)

선(善)을 전해 주는 새를 진정으로 좋아한다면 새처럼 날아다니며 살아야 할 것이다. 이것이 바로 프란치스코의 나그네 생활이요, 새를 진심으로 좋아한다면 새처럼 노래를 해야 할 것이다. 이것이 바로 그의 음유(吟遊) 생활이다. 새가 우리를 아름다운 노래로 즐겁게 하듯이, 새를 참으로 좋아한다면 그도 사람들을 즐겁게 해야 할 것이다. 이것이 그의 악사(樂士) 생활이다. 나무토막을 바이올린처럼 턱에 괴고, 나뭇가지로 나무토막을 긁어 대는 프란치스코의 모습을 많은 전기 작가들이 전한다. 새처럼 나그네와 음유 시인이 되어 악사처럼 선(善)을 생활하는 프란치스코가 헤세를 한없이 매료한다. 헤세는 이렇게 전한다.

이제 그들은 때때로 함께 혹은 따로 움브리아 지방을 떠돌아다녔다. 그들은 여기저기에서 농부들과 들일을 했는데, 돈 때문이 아니라 일정량의 먹을 것을 얻기 위해서였고, 일을 마친 후에는 사람들과 함께 이야기도 하고, 설교도 하고 그들에게 노래도 불러 주었다.

이로 인하여 프란치스코는 자신과 형제들을 주님의 익살꾼이라 불렀고, 이를 다른 말로 하느님의 악사(樂士)라고 부르기도 하였다. 그도 그럴 것이 그는 음유 시인과 노래하는 순례자처럼 하느님을 찬미하면서 떠돌아다녔기 때문이다. 이때가 의심할 여지없이 그의 전 생애에서 가장 행복했던 시기였다. 그는 떠돌아다니는 객(客)과 나그네로서, 악사와 노래하는 새로서, 기쁜 마음으로 모든 사람들을 즐겁게 하였고, 온화한 말과 위로를 전하였고, 도움과 조언을 건넸고, 일을 하는 자와 함께 일을 하였으며, 슬퍼하는 자들에게 온화한 위로의 말을 전하였고, 즐거워하는 사람들에게 밝은 노래들을 불러 주었다. 오늘날에도 여전히 그런 것처럼 당시에도 사람들은 그의 자발적인 가난을 빗대어, 애정 어린 농담이 섞인 표현으로 그를 "빈털터리"(Poverello)라는 별명으로 불렀다.

2. 가난

선(善)과 가난과의 관계는 필연적이다. 얼핏 보기에는 대립적이지만 선(善)을 내용물이라고 한다면 가난은 선(善)을 담는 그릇이라 할 것이다. 그릇과 내용물의 관계가 형성됨으로써 대립 개념이 해소된다. 이는 '새'에서도 명확하게 드러난다. 새는 근본적으로 아무것도 소유하고 있지 않기 때문에 그 그릇을 바탕으로 그 위에 선(善)이 담긴다. 헤세도 프란치스코의 선(善)만이 아니라 선(善)과 뗄 수 없는 관계인 그의 가난도 무척 좋아하였다. 헤세는 이렇게 쓴다. 이 글도 다른 전기 사료들에 있는 내용들을 묶어 헤세가 편집한 것이다.

그 사이에 그의 술 취한 친구들이 그를 시끄럽게 잡아끌고 둘러쌌다. "너 지금 무슨 꿈을 꾸고 있는 거냐?". 그들이 조소하며 소리쳤다. "무슨 수수께끼 때문에 고민하니, 프란치스코?" 친구 하나가 박장대소를 하며 외쳤다. "얘들아, 너희들이 보기엔 저 애가 새색시를 얻으려고 고심하는 것 같지 않니?". 프란치스코가 이 말을 듣고 귀가 번쩍하여 유쾌하나 진지한 표정에 낭랑한 목소리로 대답하였다. "그래, 말 한번 옳게 했다. 나는 아내를 얻을 생각이야. 그러나 그녀는 너희들이 생각하고 상상할 수 있는 것보다 더 고귀하고, 더 부유하고, 더 아름답지!". 이 말을 하는 동안에 그의 얼굴에 미소가 가득하였다.

그의 친구들은 웃음바다를 이루며, 그를 뒤에 남겨 둔 채 멀리 뛰어가 사라졌다. 그는 항상 지니고 다녔던 웃음거리인 왕의 지팡이를 손에서 내려놓고, 그 지팡이와 함께 자신의 과거와 낭비된 젊은 시절도 내려놓았다. 그리고 비유적으로 말했던 그 아름답고 고귀한 부인은, 그가 그때부터 가장 열렬하게 결혼하고자 했던 가난이었다.

그러나 프란치스코는 여전히 안정감을 얻지 못하다가 로마 순례 길에 교황청 앞에서 거지를 만나 결정적인 가난의 소중함을 체험한다. 헤세가 전한다.

아직도 여전히 불안한 그의 마음은 그를 로마 순례 길에 오르게 하였다. 로마에 도착하여 그는 자신이 가지고 있던 모든 것을 성 베드로 성당에 봉헌하였고, 자신의 옷을 거지 하나와 바꾸어 입고 그의 자리를 차지하였다. 그러나 그는 자신이 로마와 으리으리한 교황청 지붕 아래에서 헛되이 보호를 구하고 있다는 사실을 빠르게 알아차렸다. 반면에 그는 거지의 옷 속에서 참다운 가난을 처음으로 체험하였고, 또한 앞으로 그들에게 신의를 지키기로 결심하였다.

이 이야기도 기존에 전해 오는 글을 헤세가 조금씩 바꾸어 전하고 있다. 그러나 "으리으리한 교황청"과 대칭을 이루는 "거지의 옷 속"은 온전히 헤세의 탁월한 문학적 직관이다. 이는 프란치스코가 거지의 옷 속에서 참다운 가난을 처음으로 체험했다고 보는 헤세의 견해인데, 대단한 탁견이다. 이렇게 하여 가난과 프란치스코와는 뗄 수 없는 관계에 이르렀다.

청년은 지체 없이 겸손하게 베르나르도네 소유인 자신의 옷들을 모두 벗어 넘겨주고, 벌거숭이가 된 채 서 있었다. 그리고 그 시간부터 오직 하늘에 계신 아버지에게 속하길 원한다는 자신의 결의를 고백하였다. 이제 그곳에서 누구도 감히 그를 조롱할 수가 없었다. 그리고 그의 용기와 믿음에 놀란 주교는 벌거벗은 그를 자신의 외투로 감쌌다. 이것이 프란치스코와 거룩한 가난과의 혼인이었다. 그가 몇 년간을 찾아서 헤매 온 보물을 이제야 발견한 것이다. 즉, 영혼과 하느님과 세상의 조화였다. 이때부터 어떠한 외적인 근심도 더 이상 그를 슬프게 하지 않았다. 그는 아이가 되어 하느님의 보호 안으로 들어갔고, 하느님과 이야기를 하였으나 멀리 떨어져 있어서 보이지 않는 하느님이 아니었으며, 현존하여 느끼고 사랑하고 믿는 하느님 아버지와 이야기를 나누었다.

3. 헤세와 가난

자연으로부터 선(善)을 도출하여 그 선(善)을 살고 있던 헤세가 크나큰 장애에 부딪친다. 흉한 몰골에 움직이지도 못하는 가난한 꼽추 보피를 알게 되어 몸서리를 치며 그 꼽추를 멀리 내쫓으려 하는 자신을 발견한다.

보피는 흉한 혹 두 개 위에 목도 없이 커다랗고 거북스러운 머리를 얹고 있었다. 이마는 넓고 코는 컸으며 … 나 역시 그 불쌍한 사람에게 당황하고 기분이 나빴으며 … 고통스러웠다. … 언제나 그를 보고 악수해야 한다는 데 나는 거부감이 들었다[28].

계속해서 이어진다.

우리가 미워하고 쫓아내려는 마음을 먹고 있고, 지금도 버림받고 집에 갇혀 어두워가는 방 안에 혼자 슬프게 앉아 있는 그 가엾은 불구자가 애원하고 고통스러워 하는 모습이 문득 떠올랐다. 이제 곧 어두워지기 시작할 텐데 그는 불을 켤 수도 창문 가까이 옮겨 갈 수도 없다는 생각이 떠올랐다. … 내가 아씨시에서 이웃 사람들에게 성 프란치스코 이야기를 하면서, 그가 나에게 온 인류를 사랑하라고 가르쳤다며 큰소리를 쳤던 일이 기억났다. 나는 무엇 때문에 그 성인의 생애를 연구하고 그의 빛나는 사랑 노래를 외웠고, 움브리아 언덕에서 그의 자취를 찾았단 말인

---

[28] 헤르만 헤세, 『페터 카멘친트』, 김주연 옮김, 문학과 지성사, 2013, 173-174.

가? 가련하고 무기력한 한 인간을 알고 그를 위로해 줄 수 있는데도 그냥 버려둔 채 고통받게 하면서?

보이지 않는 강한 손이 내 심장에 떨어져 나를 짓누르자, 나는 수치와 고통으로 가득 차서 떨며 엎드렸다. 나는 신이 나에게 하는 소리를 들었다. "너는 너를 친절하게 맞아주고 안락한 시간을 주는 집을 좋아한다! 그런데 내가 그 집을 내 피난처로 삼으려 하자 너는 달아나 버리고 날 쫓아내려고 생각하는구나! 너 성자야! 예언자야! 너 시인아!".

나는 마치 맑고 깨끗한 거울 앞에 세워진 기분이었다. 그 안에 비친 나는 거짓말쟁이, 허풍쟁인 데다, 겁쟁이, 변절자였다. 그것은 쓰라리고 고통스럽고 끔찍하고 괴로운 느낌이었다. 그러나 그 순간 내 안에서 뭔가가 부서지고 고문당하고 상처 입으며 몸부림치고 있었다. 그것들은 당연히 부서지고 무너져야 할 것이었다[29].

이후 헤세는 꼽추 보비와 떨어질 수 없는 관계가 되어 많은 보살핌을 주고 서로 사랑하는 관계가 된다. 가난에서 선(善)을 꽃피운 것이다. 이는 성 프

---

29 같은 책, 176-177.

란치스코의 영향임이 명백하다. "헤세는 이탈리아의 아씨시 여행에서 알게 된 중세의 가톨릭 성인 프란치스코에 대한 감동을 통해 진한 인간애를 맛보면서 그는 삶의 경건성을 회복하고, 구체적인 삶의 현장에 대한 헌신을 다짐하게 된다. 지식이 많고, 부유하며, 총명한 자의 삶만이 아니라, 가난하고 고통 받는, 때로는 지극히 못나 보이는 자의 삶 역시 귀중하다는 인식에 카멘친트는 도달한다. … 그리하여 마침내 죽음까지도 전면적으로 수용하는 단계에 이르는 것이다"[30].

4. 빈털터리

헤세는 1904년에 『성 프란치스코의 생애』를 발표하고 약 15년이 경과한 1919년에 『꽃놀이』를 발표한다. 『성 프란치스코의 생애』는 그 구성이 평면

---

30 김주연, 「독일 문학 전통의 충실한 상속자 헤세」, 헤르만 헤세, 『페터 카멘친트』, 김주연 옮김, 문학과 지성사, 2013, 220.

적이라고 한다면, 이미 헤세가 많은 신비를 접한 후에 쓴 『꽃놀이』는 입체적인 작품이라고 할 것이다. 이 두 작품을 비교해 보면 15년 동안의 헤세의 저작 생활이나 구도 생활이 얼마만큼 많이 변화와 정진을 거듭하였는지를 한눈에 알아볼 수 있다.

『성 프란치스코의 생애』에서는 새를 중심으로 선(善)이 펼쳐지지만 『꽃놀이』에서의 프란치스코는 시공을 초월하여 만물(萬物)과 만사(萬事)와 만인(萬人) 안에 삼위일체적(三位一體的)으로 존재하는 선(善)을 본다. 이는 곧 헤세의 크나큰 변화라고 할 수 있을 것이고, 그의 거듭되는 변화의 종착역은 1943년에 발표한 『유리알 유희』라고 할 수 있을 것이다. 헤세는 『꽃놀이』와 『유리알 유희』라는 작품의 제목에서 벌써 선(善)을 신비적으로 상징한다[31]. 이 『꽃놀이』가 그의 후기의 거작 『유리알 유희』의 모태가 되지 않았나 하는 추측을 가능케 한다[32].

---

[31] 독일어의 원래 제목이, 『꽃놀이』는 Blumenspiel이고, 『유리알 유희』는 Glasperlenspiel이다. 놀이나 유희를 뜻하는 spiel이 공통적으로 들어가 있다.

그리고 '빈털터리'라는 말은 나이가 든 프란치스코에게 나중에 붙여진 이름인데, 여기 『꽃놀이』의 마지막 말인 '빈털터리'는 프란치스코의 어머니인 피카(Pica) 부인이 일곱 살이나 여덟 살에 지나지 않는 아직 어린 프란치스코를 향해서 부르는 이름이다. 시간과 공간을 초월하였다. '빈털터리'로서의 프란치스코는 이미 시공을 초월한 점지된 프란치스코였던 것이다. 빈털터리란 그 자체로 이미 시공을 초월한 가난의 모습인 것이다. 『꽃놀이』 안에서 일어나는 모든 사건들이 선(善)의 유희다. 표현 불가능한 선(善)을 상징적으로 표현한 것이다[33]. 따라서 빈털터리란 시공을 초월하여 우리 누구에게나 점지된

---

32 "『유리알 유희』는 헤세가 밝히고 있듯이 유토피아의 구성이다" (헤르만 헤세, 『유리알 유희』, 박환덕 옮김, 범우사, 1988, 8).
33 "헤세 작품의 근본적인 의도는 신비주의적인 실재, 그러니까 감각적으로 포착할 수 없는 실재를 서술하는 것이다. 이로 인하여 헤세의 작품에서는 상징의 역할이 클 수밖에 없다. 왜냐하면 상징만이 오로지, 헤세가 서술하고자 관심을 갖고 있는, 저 파악할 수 없고 서술할 수 없는 영역을 포착할 수 있기 때문이다. 이 상징들을 통해서 헤세는 시간과 공간이 초월된 초월적 세계를 서술하고자 했다"(정경량, 『헤세와 신비주의』, 한국문화사, 1997, 274).

우리의 종착역이라 할 것이다. 우리는 누구나 가난하다. 프란치스코만이 아니라 우리는 이미 이 종착역을 미리 앞당겨 살고 있고, 하늘나라가 이미 왔음에도 도래(到來)해야 할 것으로 여기며 살고 있는 우리다. 이는 이미 머나먼 과거인 어린 시절에 이루어졌는데도 말이다. 지금은 말할 나위도 없지만 이미 태어날 때 이루어졌는데도 말이다.

작은 소품이지만 『꽃놀이』에 헤르만 헤세의 모든 것이 집약되어 있다는 느낌이다. 이는 마치 「성 프란치스코와 가난 부인과의 거룩한 교제」의 작은 책자에 프란치스코의 가난이 함축되어 있는 것과 같은 느낌이다.

역자 후기

학창 시절에 무척이나 좋아했던 헤르만 헤세(Hermann Hesse)가 프란치스코에 대하여 쓴 글이 있다는 말에 귀가 번쩍 하였다. "아니, 헤르만 헤세가?". 출판사 측에서 누군가에게 번역을 의뢰하려고 한다는 말을 듣고 단숨에 나섰다. 프란치스코를 바라보는 헤르만 헤세의 시각이 몹시 궁금하였던 것이다.

그러나 번역은 섣부른 결정이었다. 노벨상에 빛나는 대문호(大文豪) 헤르만 헤세의 문학에 대한 이해가 선결되어야 함을 절감하였다. 헤르만 헤세에게 누가 될 것을 뻔히 알면서도 이 작업을 끝까지

끌고 간 것은 다른 많은 사람들도, 비록 역자가 군데군데 오류를 범한다 해도 눈을 감아 줄 것이고, 더 큰 맥락 안에서 프란치스코에 대한 헤세의 관점만을 취득하면 그것으로 만족할 것으로 여겼기 때문이다. 헤세가 전하고자 하는 프란치스코의 선(善)은 지금 이 시간 나의 방 앞에서도 일어나고 있다.

나의 방 바로 앞에 있는
수도원의 작은 앞마당에서

미니 축구를 하는
젊은 수사들의

갖가지 괴성과
발소리와
뻥뻥 소리가

나의 귀에다 대고
직접 들려주시는
천상의 소리다.

흙먼지가
내 방에까지 들어온다.
"저것덜을 그냥!".

번역은 이탈리아 번역판인 『Francesco d'Assisi』, traduzione di Anna Maria Cocchi, Piano B, Prato, 2012와 독일어 원본인 Hermann Hesse, 『Franz von Assisi』, Insel, Verlag, 1988을 사용하였고, 목원대학교의 정경량 교수님께서 독일어 원본과 대조하여 공동 번역이라 해도 무리가 없을 만큼 세밀히 수정해 주셨다. 그리고 독일에서 공부하고 있는 김명겸 형제의 도움을 많이 받았음을 밝힌다. 문장은 최종적으로 시나리오 작가인 성기영 님께서 다듬어 주셨다.

      2013년 8월 25일, 성북동 수도원에서,
           이재성 보나벤투라.